Stille Präsenz

Von Frank Kralemann

Buchbeschreibung:

Dieses Buch ist eine Einladung zur Selbsterforschung und zum Erwachen aus dem Traum der Konditionierung. Es zeigt, dass wahre Freiheit und Freude nicht in der Erfüllung konditionierter Wünsche liegt, sondern im Erkennen unseres wahren Wesens jenseits aller mentalen Konstrukte. Der Weg dorthin führt durch die Stille des gegenwärtigen Moments - dem einzigen Ort, wo Leben wirklich stattfindet.

Über den Autor:

Frank Kralemann beschäftigt sich schon lange mit den Themen Konditionierung und Sein. Die Fragen nach dem Sein und dem Selbst hat er für sich beantwortet. Alles passiert im

Jetzt, in der Stille.Frank Kralemann lebt in der Nähe des Teutoburger Waldes.

Stille Präsenz

Jenseits der Gedanken

von Frank Kralemann

1. Auflage, 2025 Frank Kralemann

© 2025 Alle Rechte vorbehalten.

Verlag: BoD · Books on Demand GmbH,

In de Tarpen 42, 22848 Norderstedt,

bod@bod.de

Druck: Libri Plureos GmbH,

Friedensallee 273, 22763 Hamburg

ISBN: 978-3-7693-4955-9

Inhaltsverzeichnis

Der Weg zur Freiheit im Jetzt

In einer Welt voller Lärm und rastloser Aktivität scheinen wir oft gefangen in einem endlosen Strom von Gedanken, Reaktionen und Verhaltensmustern. Diese Muster, unsere Konditionierung, bestimmen weitgehend, wie wir denken, fühlen und handeln. Sie sind das Ergebnis unserer Erziehung, kulturellen Prägung und persönlichen Erfahrungen. Wie ein unsichtbares Gefängnis begrenzen sie unsere Wahrnehmung und unser Sein.

Doch was wären wir ohne diese Konditionierung? Wer sind wir wirklich jenseits der erlernten Muster und automatischen Reaktionen? Diese Fragen führen uns zum Kern dieses Buches: der

Erkenntnis, dass wir nicht unsere Gedanken sind und dass wahre Freiheit im gegenwärtigen Moment liegt.

Unsere Gedanken kommen und gehen wie Wolken am Himmel. Sie entstehen, verweilen kurz und verschwinden wieder. Doch wer oder was beobachtet diese Gedanken? Wer ist der stille Zeuge dieser mentalen Aktivität? Wenn wir beginnen dies zu erforschen, entdecken wir eine tiefere Dimension unseres Seins - das zeitlose Gewahrsein, das allem zugrunde liegt.

Ein Schlüsselaspekt dabei ist das Verständnis, wie sehr unsere Sprache unser Denken und unsere Wahrnehmung der Realität formt. Die Worte und Konzepte, die wir verwenden, sind nicht die Realität selbst, sondern nur Symbole und Abstraktionen. Sie erschaffen eine mentale Land-karte, die wir oft mit dem Territorium verwech-seln. Diese sprachliche Konditionierung begrenzt unsere Erfahrung der lebendigen Gegenwart.

Besonders wichtig ist die Erkenntnis, dass zwischen Reiz und Reaktion immer ein Spalt existiert - ein Moment der Freiheit und Wahl. Wir sind keine Maschinen, die automatisch auf Trigger reagieren müssen. In diesem Spalt liegt unsere Chance, aus alten Mustern auszusteigen und bewusst zu antworten statt unbewusst zu reagieren.

Dabei ist es hilfreich, zu verstehen, dass Gedanken und Gefühle eng miteinander verwoben sind. Gedanken erzeugen Gefühle und Gefühle beeinflussen unser Denken. Doch die meisten unserer Gedanken sind keine objektiven Wahrheiten, sondern subjektive Bewertungen, die aus unserer Konditionierung stammen. Wenn wir dies erkennen, löst sich ihre scheinbare Macht über uns auf.

Die einzige Realität, die wir jemals direkt erfahren können, ist der gegenwärtige Moment.

Doch wie oft sind wir wirklich hier? Meist ist unser Geist in der Vergangenheit oder Zukunft gefangen, beschäftigt mit Erinnerungen, Sorgen oder Planungen. Die Konditionierung aus der Vergangenheit färbt ständig unsere Wahrnehmung des Jetzt und verhindert so die direkte, unverfälschte Erfahrung des Moments.

Die folgenden Kapitel führen Schritt für Schritt in ein tieferes Verständnis unserer Konditionierung und zeigen praktische Wege, wie wir uns von ihrer unbewussten Herrschaft befreien können. Wir lernen unsere Trigger kennen, durchschauen die Macht der Gedanken und entdecken den zeitlosen Raum der Präsenz, der immer verfügbar ist.

Dieses Buch ist eine Einladung zur Selbsterforschung und zum Erwachen aus dem Traum der Konditionierung. Es zeigt, dass wahre Freiheit und Freude nicht in der Erfüllung konditionierter Wünsche liegt, sondern im Erkennen unseres wahren Wesens jenseits aller mentalen Konstrukte. Der Weg dorthin führt durch die Stille des gegenwärtigen Moments - dem einzigen Ort, wo Leben wirklich stattfindet.

Der verschleierte Geist

Die Kraft der Konditionierung erkennen

Stell dir vor, du beobachtest einen Elefanten im Zirkus. Ein mächtiges Tier, das mit einer dünnen Kette an einem kleinen Pflock festgebunden ist. Der Elefant könnte sich leicht losreißen, tut es aber nicht. Warum? Als Baby wurde er mit einer starken Kette festgebunden. Damals konnte er sich trotz aller Versuche nicht befreien. Er lernte: Ich kann mich nicht losreißen. Diese frühe

Konditionierung wirkt bis heute, obwohl sie längst nicht mehr der Realität entspricht.

Ähnlich geht es uns Menschen. Unsere Konditionierung gleicht unsichtbaren Ketten, die uns festhalten, obwohl wir längst frei sein könnten. Von frühester Kindheit an werden wir geprägt - durch Familie, Erziehung, Kultur und Erfahrungen. Diese Prägungen formen unsere Denkmuster, Gefühle und Verhaltensweisen, meist ohne dass wir uns dessen bewusst sind.

Betrachten wir ein typisches Beispiel: Maria wuchs mit einem sehr kritischen Vater auf. Egal, was sie tat, es war nie gut genug. Sie entwickelte das tief verwurzelte Glaubensmuster „Ich muss perfekt sein, um akzeptiert zu werden." Heute, als erfolgreiche Erwachsene, treibt sie dieser unbewusste Glaubenssatz in ständigen Perfektionismus. Sie kann nie entspannen, nie zufrieden sein mit dem, was ist. Eine simple Kritik von ihrem Chef kann sie tagelang beschäftigen. Die frühe Konditionierung bestimmt ihr Leben, ohne dass sie es merkt.

Oder nehmen wir Thomas: In seiner Familie wurde Wut nie zugelassen. „Ein anständiger Mensch wird nicht wütend" war die Botschaft. Er lernte, seinen Ärger zu unterdrücken. Heute hat er Probleme, sich abzugrenzen. Er schluckt alles runter, bis er irgendwann explodiert - oder krank wird. Die unterdrückte Wut vergiftet seine Beziehungen und seine Gesundheit.

Konditionierung funktioniert wie ein automatisches Programm: Auf bestimmte Reize folgen bestimmte Reaktionen. Wenn jemand uns kritisiert, fühlen wir uns vielleicht sofort angegriffen und gehen in die Verteidigung. Wenn etwas nicht nach Plan läuft, werden wir nervös oder ärgerlich. Diese Reaktionsmuster laufen meist unbewusst ab.

Ein praktisches Beispiel: Sie sitzen in einem wichtigen Meeting. Ein Kollege widerspricht Ihnen vor allen anderen. Sofort steigt Hitze in Ihnen auf, Ihr Herz rast, Sie fühlen sich bloßgestellt. Ohne nachzudenken, verteidigen Sie Ihre Position - vielleicht lauter und schärfer als nötig. Was ist hier passiert? Ein Trigger (Widerspruch vor anderen) löste ein altes Programm aus (sich verteidigen müssen). Die Reaktion erfolgte automatisch, ohne bewusste Wahl.

Die erste Stufe der Befreiung ist das Erkennen dieser Konditionierung. Wir müssen verstehen, dass viele unserer Reaktionen nicht frei gewählt sind, sondern automatische Muster darstellen. Diese Muster haben sich durch wiederholte Erfahrungen tief in unser Nervensystem eingegraben.

Wie Sprache unser Denken formt

Stellen Sie sich vor, Sie lernen eine neue Sprache. In dieser Sprache gibt es kein Wort für „Ich". Stattdessen beschreibt man Erfahrungen unpersönlich: Statt „Ich bin traurig" sagt man etwa „Traurigkeit ist da". Wie würde das Ihr Erleben verändern? Würden Sie sich weniger mit Ihren Gefühlen identifizieren? Genau solche Unterschiede zeigen, wie stark Sprache unser Denken und Erleben prägt.

Die Eskimos haben zahlreiche Wörter für verschiedene Arten von Schnee. Ein Stadtmensch sieht einfach nur „Schnee", ein Eskimo erkennt sofort feine Unterschiede - Pulverschnee, Pappschnee, Harsch und viele mehr. Die verfügbaren Worte bestimmen mit, was wir überhaupt wahrnehmen können.

Ein aufschlussreiches Experiment zeigt dies: Wissenschaftler präsentierten Menschen verschiedener Kulturen Farbkarten. Sprachen mit vielen Farbwörtern ermöglichen eine feinere Unterscheidung. Was für einen Engländer einfach „blue" ist, unterscheidet ein Russe automatisch in „sinij" (dunkelblau) und „goluboj" (hellblau). Die Sprache formt buchstäblich unsere Wahrnehmung der Welt.

Sarah erlebte dies eindrücklich während eines längeren Aufenthalts in Japan. In der japanischen Sprache gibt es viele Ausdrücke für soziale Beziehungen und Hierarchien, die sich kaum übersetzen lassen. Nach einiger Zeit begann Sarah, Beziehungen anders wahrzunehmen - feiner, nuancierter. Die japanischen Sprachkonzepte hatten ihr Denken verändert.

Besonders prägend sind die grundlegenden Strukturen unserer Muttersprache. Im Deutschen und vielen anderen Sprachen sprechen wir in Subjekt-Objekt-Konstruktionen: „Ich sehe den Baum." Dies verstärkt unbewusst das Gefühl der Trennung zwischen Beobachter und Beobachtetem. In manchen östlichen Sprachen gibt es diese strikte Trennung nicht - dort ist eher „Sehen geschieht" oder „Baumwahrnehmung ist da".

Die Macht der sprachlichen Konditionierung zeigt sich auch in unserem inneren Dialog. Beobachten Sie einmal Ihre Selbstgespräche: „Das schaffe ich nie." „Ich bin nicht gut genug." „Das Leben ist schwer." Solche gewohnheitsmäßigen Gedankenmuster erschaffen buchstäblich unsere subjektive Realität. Wir leben in einem Gefängnis aus Worten.

Peter litt jahrelang unter negativem Selbstgespräch. Sein innerer Kritiker kommentierte ständig: „Das war wieder typisch dumm von dir." „Andere können das viel besser." „Du bist ein Versager." Erst als er lernte, diese sprachlichen

Muster zu erkennen und sie nicht mehr für die Wahrheit zu halten, begann sich sein Leben zu verändern.

Der radikale Konstruktivismus nach Glasersfeld zeigt: Sprache bildet keine objektive Realität ab. Sie ist ein Werkzeug, mit dem wir unsere Erfahrungswelt konstruieren. Die Worte und Konzepte, die wir verwenden, sind nicht die Realität selbst - sie sind Landkarten, Abstraktionen, Symbole. Doch wie oft verwechseln wir die Landkarte mit dem Territorium!

Ein einfaches Experiment macht dies deutlich: Denken Sie an einen Apfel. Das Wort „Apfel" ruft sofort ein mentales Bild hervor, vielleicht auch Erinnerungen an Geschmack und Geruch. Aber ist dieses mentale Konstrukt der reale Apfel? Natürlich nicht. Das Wort ist ein Symbol, das auf etwas verweist - es ist nicht die Sache selbst.

Die gute Nachricht ist: Wenn wir die begrenzende Macht der Sprache erkennen, können wir bewusster mit ihr umgehen. Wir müssen nicht jeden Gedanken glauben. Wir können neue, befreiendere Sprachmuster entwickeln. Statt „Ich bin deprimiert" können wir sagen „Da ist gerade Depression." Statt „Ich habe versagt" vielleicht „Diese spezielle Handlung hat nicht zum gewünschten Ergebnis geführt."

Kulturelle Prägungen und ihre Auswirkungen

Stellen Sie sich vor, Sie werden in einem abgelegenen Bergdorf in Tibet geboren. Von klein auf lernen Sie, dass alles mit allem verbunden ist. Meditation ist so selbstverständlich wie für uns das Zähneputzen. Materieller Besitz spielt kaum eine Rolle. Wie anders wäre Ihr Weltbild, Ihre Art zu denken und zu fühlen?

Unsere kulturelle Prägung ist wie eine Brille, durch die wir die Welt sehen - meist ohne uns der Brille bewusst zu sein. Was für uns „normal" und „richtig" erscheint, ist oft kulturell bedingt. Ein eindrückliches Beispiel ist der Umgang mit Zeit:

In der westlichen Kultur tickt die Uhr ständig. „Zeit ist Geld" lautet ein typisches Sprichwort. Wir planen, terminieren, hetzen von Termin zu Termin. Pünktlichkeit ist eine Tugend. In vielen afrikanischen Kulturen herrscht ein völlig anderes Zeitverständnis. Zeit ist zyklisch, dehnbar, beziehungsorientiert. Ein Gespräch dauert so lange, wie es eben dauert. Die Idee, ein Treffen mit Freunden auf eine bestimmte Uhrzeit zu terminieren, erscheint dort seltsam.

Lisa erfuhr dies hautnah während eines Entwicklungsprojekts in Ghana. Anfangs machte sie sich

verrückt, weil niemand „pünktlich" war und Zeit-
pläne nicht eingehalten wurden. Erst allmählich
begann sie zu verstehen: Es war ihr eigenes kultu-
relles Zeitkonzept, das Stress erzeugte - nicht die
Situation an sich.

Die moderne westliche Kultur ist stark geprägt
von Individualismus und Leistungsdenken. „Jeder
ist seines Glückes Schmied" lernen wir früh.
Erfolg wird an äußeren Faktoren gemessen: Kar-
riere, Besitz, Status. Dies führt oft zu einem
tiefen Gefühl von Trennung und Einsamkeit. In
vielen traditionellen Kulturen steht dagegen die
Gemeinschaft im Vordergrund. Identität wird über
Beziehungen definiert, nicht über individuelle
Leistung.

Ein faszinierendes Beispiel sind die Unterschiede
in der Kindererziehung. In westlichen Kulturen
legen viele Eltern Wert darauf, dass Kinder früh
„selbstständig" werden. Babys schlafen oft im
eigenen Zimmer, sollen schnell „durchschlafen".

In vielen asiatischen Kulturen schlafen Kinder selbstverständlich bei den Eltern, werden ständig herumgetragen, gestillt wenn sie danach verlangen. Keine dieser Praktiken ist „richtig" oder „falsch" - sie spiegeln unterschiedliche kulturelle Werte.

Die kulturelle Prägung zeigt sich auch in unseren tiefsten Ängsten und Wünschen. In einer leistungsorientierten Kultur ist die Angst zu versagen oft dominierend. In einer schamorientierten Kultur wie Japan wiegt der Gesichtsverlust vor anderen besonders schwer. In stark religiösen Kulturen kann die Angst vor göttlicher Strafe das Leben bestimmen.

Marcus, ein erfolgreicher Manager, erkannte erst in einer Lebenskrise die Macht seiner kulturellen Konditionierung. Sein ganzes Leben hatte er nach dem Motto „höher, schneller, weiter" gelebt. Burnout brachte ihn zum Innehalten. In einer Auszeit in einem buddhistischen Kloster erlebte er zum ersten Mal eine völlig andere Lebensweise - und begann seine westlichen Grundannahmen zu hinterfragen.

Besonders tiefgreifend ist der kulturelle Einfluss auf unser Verständnis von Glück. In der westlichen Konsumkultur wird Glück oft mit äußeren Umständen verknüpft - dem richtigen Job, Partner, Haus, Auto. Wir jagen ständig dem nächsten Ziel hinterher. In vielen östlichen Traditionen wird Glück dagegen als innerer Zustand verstanden, unabhängig von äußeren Umständen.

Ein aufschlussreiches Experiment zeigte dies: Forscher befragten Menschen in verschiedenen Kulturen nach ihrer Lebenszufriedenheit. In materiell armen, aber gemeinschaftsorientierten Kulturen fanden sie oft höhere Zufriedenheitswerte als in wohlhabenden individualistischen Gesellschaften. Äußerer Wohlstand garantiert offenbar kein Glück.

Die gute Nachricht ist: Wenn wir unsere kulturelle Prägung erkennen, gewinnen wir mehr Freiheit. Wir müssen nicht unbewusst den vorgegebenen Mustern folgen. Wie ein Anthropologe können wir unsere eigene Kultur mit Abstand betrachten - und bewusst wählen, welche Aspekte wir übernehmen oder ablegen möchten.

Das rastlose Denken verstehen

Stellen Sie sich vor, Sie sitzen in einem Kino. Der Film läuft ununterbrochen - ein endloser Strom von Bildern, Szenen, Dialogen. Manchmal dramatisch, manchmal banal, manchmal wiederholen sich Sequenzen. Sie können den Film nicht abstellen. So ähnlich arbeitet unser Denken - ein nie endender Strom mentaler Aktivität.

Sarah führte für einen Tag ein „Gedankentagebuch". Sie war überrascht, wie rastlos ihr Geist war: Während des Frühstücks plante sie bereits den Tag. Beim Autofahren kreisten ihre Gedanken um ein schwieriges Gespräch vom Vortag. In der Arbeit schweiften ihre Gedanken ständig zwischen aktueller Aufgabe, privaten Sorgen und Zukunftsplanungen hin und her. Abends im Bett wollte der mentale Film einfach nicht aufhören.

Dieses rastlose Denken hat evolutionäre Wurzeln. Unser Gehirn entwickelte sich in einer gefährlichen Umgebung. Es musste ständig planen, analysieren, Gefahren vorhersehen. Heute, in einer komplexen modernen Welt, läuft dieses Programm auf Hochtouren - oft ohne echten Nutzen.

Ein typisches Beispiel: Michael liegt nachts wach. Seine Gedanken kreisen um ein wichtiges Meeting am nächsten Tag. „Was ist, wenn ich mich blamiere? Was werden die anderen denken?

Beim letzten Mal habe ich auch nicht optimal performt..." Die Gedanken produzieren Stress, der Stress verstärkt die Gedanken. Ein Teufelskreis entsteht.

Der erste Schritt zur Befreiung ist das Erkennen: Gedanken kommen und gehen von selbst. Wie Wolken am Himmel ziehen sie vorüber. Wir müssen nicht jeden Gedanken glauben oder ihm folgen. Ein einfaches Experiment macht dies deutlich:

Schließen Sie die Augen und beobachten Sie für eine Minute Ihre Gedanken. Woher kommen sie? Können Sie den nächsten Gedanken vorhersagen? Können Sie die Gedanken stoppen? Sie werden feststellen: Gedanken entstehen spontan. Wir produzieren sie nicht bewusst - sie geschehen einfach.

Clara machte eine wichtige Entdeckung während einer Meditation: „Plötzlich erkannte ich - ich bin nicht meine Gedanken! Da war etwas in mir, das die Gedanken beobachten konnte. Wie ein weiter Himmel, in dem die Gedankenwolken vorüberziehen. Diese Erkenntnis war unglaublich befreiend."

Besonders hartnäckig sind wiederkehrende Gedankenmuster, oft verbunden mit emotionalen Triggern. Thomas etwa reagierte auf Kritik immer mit einer Kette von Selbstvorwürfen: „Ich bin nicht gut genug, ich schaffe das nie, warum passiert mir das immer..." Als er lernte, diese Muster zu erkennen, konnte er sie allmählich loslassen.

Ein hilfreiches Bild ist das des „Gedanken-Zugs": Gedanken sind wie Züge, die am Bahnsteig unseres Bewusstseins vorüberfahren. Wir haben die Wahl - wir können in jeden Zug einsteigen und mitfahren (uns in Gedankenketten verstricken). Oder wir können am Bahnsteig bleiben und die Züge vorbeiziehen lassen.

Das bedeutet nicht, dass wir das Denken unterdrücken sollen. Denken ist ein wertvolles Werkzeug - für Planung, Problemlösung, Kreativität. Der Schlüssel ist das Erkennen: Wir sind nicht unsere Gedanken. Wir haben Gedanken, aber wir sind viel mehr als das. Wie der Ozean mehr ist als die Wellen an seiner Oberfläche.

Die Verbindung von Gedanken und Gefühlen

Stellen Sie sich einen See vor. Die Oberfläche sind unsere Gedanken, die Tiefe unsere Gefühle. Beide sind untrennbar verbunden - eine Bewegung an der Oberfläche beeinflusst die Tiefe und umgekehrt. Genauso verhält es sich mit unseren Gedanken und Gefühlen.

Anna erlebte dies deutlich während einer schwierigen Präsentation. Ein kritischer Gedanke tauchte auf: „Das wird schiefgehen." Sofort reagierte ihr Körper - der Herzschlag beschleunigte sich, die Hände wurden feucht. Diese körperliche Anspannung führte zu weiteren negativen Gedanken: „Alle sehen wie nervös ich bin." Die Angst verstärkte sich. Ein klassischer Teufelskreis von Gedanken und Gefühlen.

Diese Verbindung ist neurobiologisch tief verankert. Gedanken aktivieren emotionale Zentren im Gehirn, Emotionen beeinflussen unsere Denkmuster. Ein faszinierendes Experiment demonstrierte dies: Menschen, die einen Stift quer im Mund hielten (was unbewusst die Gesichtsmuskeln des Lächelns aktiviert), bewerteten Cartoons als lustiger als eine Kontrollgruppe.

Besonders wichtig ist zu erkennen: Die meisten unserer Gedanken sind keine objektiven Wahrheiten, sondern subjektive Bewertungen. Wenn jemand uns kritisiert und wir denken „Das ist eine Katastrophe", ist das keine Tatsache, sondern eine Interpretation. Diese Interpretation erzeugt dann entsprechende Gefühle.

Marcus machte eine erhellende Erfahrung: Nach einer gescheiterten Beziehung quälten ihn Gedanken wie „Ich werde nie wieder glücklich" oder „Niemand wird mich je lieben". Diese Gedanken erzeugten tiefe Depression. In einer Therapie lernte er, diese Gedanken als das zu erkennen, was sie waren - schmerzhafte, aber vorübergehende mentale Konstrukte, nicht die Wahrheit.

Ein praktisches Experiment zeigt die Macht dieser Verbindung:

Denken Sie an eine unangenehme Situation. Beobachten Sie, wie sofort körperliche Reaktionen auftreten - vielleicht Anspannung, flacherer Atem, ein Gefühl von Schwere. Ändern Sie nun bewusst Ihre Körperhaltung - setzen Sie sich aufrecht, atmen Sie tief, lächeln Sie leicht. Bemerken Sie, wie sich dadurch auch Ihre Gedanken und Gefühle verändern.

Eine besonders subtile Form sind unsere ständigen inneren Bewertungen. „Das mag ich, das mag ich nicht. Das ist gut, das ist schlecht." Diese automatischen Urteile färben unsere Gefühlswelt, oft ohne dass wir es merken. Sie entstehen aus unserer Konditionierung, nicht aus der Realität selbst.

Sarah beobachtete dies bei ihrem morgendlichen Weg zur Arbeit. Bei Regen kamen sofort negative Gedanken: „Schreckliches Wetter, der Tag ist ruiniert." Diese Gedanken erzeugten schlechte Stimmung. Als sie lernte, den Regen ohne Bewertung wahrzunehmen - einfach als Naturphänomen - veränderte sich ihre emotionale Reaktion völlig.

Die gute Nachricht ist: Wenn wir diese Verbindung verstehen, können wir sie nutzen. Statt in negativen Gedanken-Gefühls-Spiralen gefangen zu sein, können wir bewusst heilsamere Muster entwickeln. Dies bedeutet nicht „positives Denken" zu erzwingen, sondern zu erkennen, dass Gedanken und Gefühle vorübergehende Erscheinungen sind - wie Wolken am Himmel unseres Bewusstseins.

Eine kraftvolle Praxis ist das „Etikettieren" von Gedanken und Gefühlen: „Ah, da ist ein Sorgengedanke... da ist Angst... da ist ein Urteil..." Diese einfache Beobachtung schafft bereits Abstand und verhindert die automatische Identifikation. Wir sind nicht unsere Gedanken und Gefühle - wir sind das Bewusstsein, in dem sie erscheinen.

Die Illusion des getrennten Selbst

Wenn Sie gefragt werden „Wer sind Sie?", was antworten Sie? Vielleicht nennen Sie Ihren Namen, Ihren Beruf, Ihre Rollen als Partner, Elternteil oder Freund. Möglicherweise beschreiben Sie Ihre Persönlichkeit, Ihre Vorlieben, Ihre Geschichte. Doch all diese Beschreibungen sind letztlich mentale Konzepte - eine Geschichte, die wir über uns selbst erzählen. Aber wer ist das „Selbst", das diese Geschichte erzählt?

Peter machte eine verblüffende Entdeckung während einer stillen Wanderung: „Ich beobachtete den Sonnenuntergang. Plötzlich verschwand jedes Gefühl eines getrennten ‚Ich'. Da war einfach nur Wahrnehmen, Farben, Bewegung, Stille. Kein ‚Peter', der etwas beobachtete - nur reines

Erleben. Es war, als würde ein lebenslanger Krampf sich lösen."

Die Illusion eines getrennten Selbst entsteht früh in der Kindheit. Wir lernen „Ich" zu sagen, grenzen „mich" von „anderen" ab. Diese Unterscheidung ist praktisch für das Überleben und Funktionieren in der Gesellschaft. Doch wir verwechseln diese praktische Unterscheidung mit der absoluten Wahrheit. Wir glauben tatsächlich, ein isoliertes, getrenntes Selbst zu sein.

Ein aufschlussreiches Experiment: Versuchen Sie für einen Moment, Ihr „Selbst" zu finden. Wo genau sind Sie? Im Kopf? Im Herzen? Sind Sie Ihre Gedanken? Ihre Gefühle? Ihr Körper? Bei genauer Untersuchung finden wir nirgends ein festes, bleibendes Selbst. Was wir finden, ist ein ständiger Fluss von Erfahrungen, Gedanken, Gefühlen, Wahrnehmungen.

Maria erlebte dies dramatisch während einer Nahtoderfahrung: „Alle Vorstellungen von ‚mir' lösten sich auf. Was blieb war grenzenlose Bewusstheit, Liebe, Verbundenheit. Ich erkannte, dass mein gewohntes ‚Ich' eine mentale Konstruktion war - nützlich für den Alltag, aber nicht meine tiefste Wahrheit."

Die Neurowissenschaft bestätigt: Das Gefühl eines einheitlichen, konstanten Selbst wird vom Gehirn konstruiert. Es ist eine Art „Benutzeroberfläche", die uns hilft, in der Welt zu navigieren. Doch wie ein Computer-Desktop ist es nur eine praktische Darstellung, nicht die zugrundeliegende Realität.

Ein klassisches Beispiel für die Konstruiertheit des Selbst sind unsere Erinnerungen. Wir glauben, ein kontinuierliches Selbst zu haben, das durch die Zeit reist. Doch Forschungen zeigen: Erinnerungen werden bei jedem Abruf neu konstruiert. Das „Ich" von gestern existiert nur als gegenwärtige Vorstellung.

Die Aufrechterhaltung des getrennten Selbst erfordert ständige mentale Aktivität. Wir müssen fortlaufend „meine" Geschichte erzählen, „meine" Grenzen verteidigen, „mein" Selbstbild aufrechterhalten. Dies erzeugt viel unnötiges Leiden. Wie oft kämpfen wir, um ein bestimmtes Selbstbild zu bewahren? Wie viel Energie verwenden wir darauf, uns von anderen abzugrenzen?

Thomas, ein erfolgreicher Geschäftsmann, beschreibt seinen Durchbruch: „Jahrelang hatte ich ein strenges Selbstbild - der harte Verhandler, immer stark, nie verwundbar. Die Aufrechterhaltung dieser Fassade war erschöpfend. Als ich endlich erkannte, dass dies nur eine Rolle war, nicht mein wahres Wesen, fiel eine enorme Last von mir ab."

Die Erkenntnis der Selbst-Illusion bedeutet nicht, dass wir nicht mehr funktionieren können. Im Gegenteil - wenn wir die Konstruiertheit des Selbst durchschauen, werden wir freier, authentischer, verbundener. Wie ein Schauspieler, der weiß, dass er eine Rolle spielt, können wir beweglicher mit unseren verschiedenen „Selbsten" umgehen.

Trigger erkennen und verstehen

Stellen Sie sich einen alten Computer vor, auf dem bestimmte Programme automatisch starten, sobald eine bestimmte Taste gedrückt wird. Ähnlich funktionieren unsere emotionalen Trigger - bestimmte Situationen, Worte oder Verhaltensweisen lösen automatisch Reaktionsmuster in uns aus. Diese Trigger sind wie unsichtbare Knöpfe, die, wenn sie gedrückt werden, alte Programme der Konditionierung aktivieren.

Lisa entdeckte einen ihrer Haupttrigger während einer Teambesprechung. Wann immer ihr Kollege sie unterbrach, spürte sie sofort intensive Wut aufsteigen. Die Reaktion war so stark, dass sie sich kaum kontrollieren konnte. In der therapeutischen Aufarbeitung erkannte sie: Der Trigger ging zurück auf ihre Kindheit, wo ihr dominanter Vater sie ständig unterbrochen und ihre Meinung als unwichtig abgetan hatte. Die aktuelle Situation aktivierte dieses alte Verletzungsmuster.

Unsere Trigger haben meist tiefe Wurzeln in der Vergangenheit. Sie entstehen durch:
- Frühe Verletzungen und Traumata
- Wiederkehrende negative Erfahrungen
- Unerfüllte Grundbedürfnisse
- Verinnerlichte Glaubenssätze

Ein klassisches Beispiel ist der „Autoritäts-Trigger": Marcus wurde nervös und unterwürfig, sobald sein Chef den Raum betrat. Seine Stimme wurde leiser, seine Körperhaltung zusammengesunken. Als er diesem Muster auf den Grund ging, erkannte er die Verbindung zu seinem strengen Schulleiter, vor dem er als Kind große Angst hatte. Der aktuelle Chef aktivierte unbewusst dieses alte Angstsystem.

Die entscheidende Erkenntnis ist: Zwischen Trigger und Reaktion liegt ein Spalt - ein Moment der Wahlfreiheit. Viktor Frankl, der das Konzentrationslager überlebte, drückte es so aus: „Zwischen Reiz und Reaktion liegt ein Raum. In diesem Raum liegt unsere Macht zur Wahl unserer Reaktion. In unserer Reaktion liegen unsere Entwicklung und unsere Freiheit."

Sarah lernte diesen Spalt praktisch kennen: „Früher reagierte ich sofort gereizt, wenn mein Partner spät nach Hause kam. Jetzt erkenne ich den Trigger - alte Verlassensängste werden aktiviert. Ich kann innehalten, atmen und bewusst wählen, wie ich reagiere. Manchmal reicht schon dieses Erkennen, damit sich die Spannung löst."

Eine effektive Methode, Trigger zu erkennen, ist das „Trigger-Tagebuch". Notieren Sie:

- Was war der Auslöser? (Situation, Person, Worte)

- Welche Reaktion erfolgte? (Gedanken, Gefühle, Körperempfindungen, Verhalten)

- Welches alte Muster wurde aktiviert?

- Was war mein unerfülltes Bedürfnis in dieser Situation?

Thomas führte ein solches Tagebuch und entdeckte ein wiederkehrendes Muster: Wann immer er kritisiert wurde, reagierte er mit heftigem Rechtfertigungsdrang. Die Wurzel lag in seiner Kindheit - Kritik bedeutete damals oft Liebesentzug. Sein erwachsenes Rechtfertigungsverhalten war ein Versuch, Liebe und Anerkennung zu sichern.

Besonders kraftvoll ist die STOP-Technik im Umgang mit Triggern:

S - Stop (Innehalten, wenn der Trigger erkannt wird)

T - Take a breath (Bewusst atmen)

O - Observe (Beobachten was geschieht, ohne zu reagieren)

P - Proceed mindfully (Bewusst und frei wählen, wie man antworten möchte)

Anna wandte diese Technik erfolgreich bei Konflikten mit ihrer Teenagertochter an: „Früher eskalierte es sofort, wenn sie patzig wurde. Jetzt erkenne ich den Trigger - meine Angst, die Kontrolle zu verlieren. Ich halte inne, atme, spüre was geschieht. Dadurch kann ich präsent bleiben statt in alte Reaktionsmuster zu verfallen."

Die Arbeit mit Triggern ist ein Weg in die Freiheit. Je mehr wir unsere automatischen Reaktionsmuster erkennen, desto mehr können wir aus der Konditionierung aussteigen. Dies erfordert Mut zur Selbstbeobachtung und die Bereitschaft, alten Schmerz zu fühlen. Doch der Gewinn ist immens: Statt Spielball unserer Trigger zu sein, werden wir fähig zu bewussten, freien Antworten.

Erwachen zur Präsenz

Der zeitlose Moment des Jetzt

Was ist eigentlich dieser gegenwärtige Moment? Wenn wir genau hinschauen, stellen wir fest: Das Jetzt ist der einzige Ort, an dem Leben tatsächlich stattfindet. Vergangenheit existiert nur als Erinnerung im jetzigen Moment, Zukunft nur als Vorstellung im Jetzt. Dennoch verbringen die meisten Menschen den Großteil ihrer Zeit mental in Vergangenheit oder Zukunft.

Eva machte eine erstaunliche Entdeckung während eines Spaziergangs: „Ich bemerkte, wie meine Gedanken ständig zwischen gestern und morgen pendelten - Sorgen um die Kinder, Planungen für die nächste Woche, alte Gespräche die ich innerlich wiederholte. Dann fragte ich mich: Was ist genau JETZT? Plötzlich wurde alles kristallklar - die Farben intensiver, die Geräusche lebendiger. Es war, als würde ich zum ersten Mal wirklich wahrnehmen."

Die Präsenz des Jetzt hat eine besondere Qualität - sie ist zeitlos. Wenn wir vollständig im Moment sind, hört die psychologische Zeit, auf zu existieren. Es gibt nur diesen einen Moment, der sich ständig erneuert. Dies ist keine philosophische

Theorie, sondern eine direkte Erfahrung, die jeder selbst machen kann.

Ein einfaches Experiment macht dies deutlich: Richten Sie Ihre volle Aufmerksamkeit auf Ihren nächsten Atemzug. Spüren Sie die Bewegung, die Empfindungen, den Fluss des Atems. In diesem Moment der vollständigen Präsenz gibt es keine Zeit - nur reines Gewahrsein des Geschehens.

Thomas, ein chronischer Grübler, beschreibt seinen Durchbruch: „Jahrelang war ich gefangen in endlosen Gedankenketten über Vergangenheit und Zukunft. Die simple Frage ‚Was ist jetzt?' wurde zu meinem Rettungsanker. Sie brachte mich sofort zurück in den lebendigen Moment, weg von den mentalen Geschichten."

Die Kraft des Jetzt zeigt sich besonders in der Natur. Beobachten Sie eine Blume, einen Baum, einen Sonnenuntergang mit voller Präsenz - ohne zu benennen, zu analysieren oder zu bewerten. In solchen Momenten löst sich die mentale Zeit auf. Wir treten ein in die zeitlose Dimension des reinen Seins.

Maria erlebte dies während einer Krise: „Nach der Trennung kreisten meine Gedanken ständig um Vergangenes und Zukünftiges. Eines Abends saß ich am Meer. Plötzlich war ich völlig präsent - das Rauschen der Wellen, die salzige Luft, die untergehende Sonne. In diesem zeitlosen Moment war ich frei von allem Leid. Ich erkannte: Probleme existieren nur in der psychologischen Zeit, nie im Jetzt."

Bewusstsein jenseits der Gedanken

Stellen Sie sich einen weiten, klaren Himmel vor. Gedanken sind wie Wolken, die durch diesen Himmel ziehen. Der Himmel selbst - das reine Bewusstsein - bleibt immer unberührt von den Wolken. Diese zeitlose Dimension des reinen Gewahrseins ist unsere tiefste Natur, doch meist sind wir so sehr mit den „Wolken" identifiziert, dass wir den „Himmel" übersehen.

Martin, ein gestresster Manager, hatte eine überraschende Erfahrung während eines Retreats: „Der Meditationslehrer fragte: ‚Wer beobachtet Ihre Gedanken?' Diese einfache Frage veränderte alles. Plötzlich erkannte ich: Da ist ein Gewahrsein, das all meine mentale Aktivität beobachtet. Dieses Gewahrsein ist still, friedvoll, unbegrenzt - völlig anders als der rastlose Verstand."

Dieses reine Bewusstsein ist keine mystische Fantasie, sondern unsere unmittelbarste Erfahrung. Es ist das, was jede Erfahrung ermöglicht. Wie das Auge sich selbst nicht sehen kann, übersehen wir oft diese grundlegendste Dimension unseres Seins. Sie ist so nah, so offensichtlich, dass wir sie übersehen.

Ein praktisches Experiment macht dies deutlich:

Schließen Sie die Augen und fragen Sie sich: „Was wird wohl mein nächster Gedanke sein?" Bleiben Sie aufmerksam und warten Sie. Sie werden bemerken: Es gibt einen Raum des Gewahrseins, in dem Gedanken auftauchen. Dieser Raum ist bereits da, bevor der nächste Gedanke kommt.

Sandra beschreibt ihre Entdeckung: „Früher war ich völlig identifiziert mit meinem Gedankenstrom. Dann begann ich zu bemerken: Da ist etwas in mir, das alle Gedanken beobachtet. Dieses ‚Etwas' ist still, unveränderlich, zeitlos. Es ist wie ein innerer Zeuge, der alles wahrnimmt, aber selbst unberührt bleibt."

Diese Dimension jenseits der Gedanken hat besondere Qualitäten:

- Sie ist immer gegenwärtig
- Sie ist unveränderlich
- Sie ist grenzenlos
- Sie ist von Natur aus friedvoll
- Sie ist die Quelle echter Freude

Peter, ein Wissenschaftler, war zunächst skeptisch: „Das klang für mich nach esoterischem Unsinn. Aber als ich anfing, meine eigene Erfahrung genau zu untersuchen, musste ich zugeben: Da ist tatsächlich eine Dimension des reinen Beobachtens, die allen Gedanken und Gefühlen vorausgeht. Sie ist so offensichtlich, dass ich sie jahrelang übersehen hatte."

Eine kraftvolle Praxis ist das „Ruhen als Gewahrsein": Statt den Gedanken zu folgen, entspannen wir uns in das Bewusstsein selbst. Wie ein Ozean, der sich seiner eigenen Tiefe gewahr wird, statt nur auf die Wellen an der Oberfläche fixiert zu sein. Dies ist keine Technik, sondern ein Erkennen dessen, was bereits ist.

Clara entdeckte dies in einer schwierigen Lebensphase: „Mitten in all dem Chaos erkannte ich: Egal was geschieht - Gedanken, Gefühle, äußere Ereignisse - es gibt in mir einen Raum des Friedens, der davon unberührt bleibt. Wie der Himmel, durch den Stürme ziehen. Diese Erkenntnis veränderte alles."

Das Erkennen dieser zeitlosen Dimension ist keine Flucht aus dem Leben. Im Gegenteil - es ermöglicht uns, voller und freier zu leben. Wenn wir nicht mehr völlig mit dem Denken identifiziert sind, werden wir fähig, das Leben direkter, unmittelbarer zu erfahren. Paradoxerweise funktioniert auch das Denken besser, wenn es nicht mehr zwanghaft ist.

Die Weisheit des Körpers

Unser Körper ist ein erstaunliches Instrument der Präsenz. Während der Verstand oft in Vergangenheit oder Zukunft schweift, ist der Körper immer im Jetzt. Er hat eine natürliche Intelligenz, eine tiefe Weisheit, die wir in unserer kopflastigen Kultur oft ignorieren.

Anna, eine Therapeutin, beschreibt ihre Entdeckung: „Jahrelang lebte ich hauptsächlich in meinem Kopf. Dann begann ich, auf die Signale meines Körpers zu achten. Ich war erstaunt, wie viel Weisheit dort zu finden war. Mein Körper wusste oft intuitiv, was richtig war, lange bevor mein Verstand es begriff. Bei wichtigen Entscheidungen spüre ich jetzt zuerst in meinen Körper hinein."

Der Körper ist ein perfekter Anker für Präsenz. Ein einfaches Experiment macht dies deutlich: Richten Sie Ihre Aufmerksamkeit für einen Moment auf Ihre Hände. Spüren Sie die feinen Empfindungen dort - vielleicht ein Kribbeln, Wärme, Pulsieren. Diese direkten Körperempfindungen sind immer im Jetzt. Sie bieten einen unmittelbaren Zugang zur Gegenwart.

Thomas, ein chronischer Grübler, fand seinen Weg zur Präsenz durch Körperarbeit: „Wenn ich in Gedankenspiralen gefangen war, half mir die einfache Frage: ‚Was spürt mein Körper jetzt?' Das brachte mich sofort zurück ins Hier und Jetzt. Ich lernte, dass mein Körper ein verlässlicherer Führer ist als meine endlosen Gedankenketten."

Der Körper hat ein eigenes Gedächtnis. Traumata und unverarbeitete Erfahrungen speichern sich in unserem Gewebe. Dies zeigt sich in chronischen Verspannungen, in der Körperhaltung, im Atemmuster. Wenn wir lernen, diese körperlichen Signale zu lesen, öffnet sich ein tieferes Verständnis unserer selbst.

Maria entdeckte dies in einer Yogaklasse: „Als ich eine bestimmte Haltung einnahm, kamen plötzlich starke Emotionen hoch - alte Trauer, die ich jahrelang verdrängt hatte. Mein Körper hatte diese Gefühle gespeichert. Durch achtsame Körperarbeit konnte ich sie endlich loslassen."

Besonders aufschlussreich ist die Verbindung zwischen Körperhaltung und emotionalem Zustand:

- Eine zusammengesunkene Haltung verstärkt depressive Gefühle

- Eine offene, aufrechte Haltung fördert Selbstvertrauen

- Verkrampfte Schultern spiegeln oft zurückgehaltene Emotionen

- Ein freier Atem unterstützt emotionale Balance

Peter, ein Manager, machte sich dies zunutze: „Vor wichtigen Gesprächen nehme ich mir jetzt immer einen Moment Zeit, meine Körperhaltung bewusst wahrzunehmen und auszurichten. Das verändert nicht nur meine Ausstrahlung, sondern auch mein inneres Erleben. Ich fühle mich zentrierter, präsenter."

Eine kraftvolle Praxis ist der regelmäßige „Körper-Scan": Nehmen Sie sich Zeit, durch ihren Körper zu „reisen" und jede Region bewusst wahrzunehmen. Wo gibt es Spannungen? Wo fließt die Energie frei? Welche Emotionen sind in verschiedenen Körperregionen gespeichert? Diese Praxis vertieft nicht nur die Körperwahrnehmung, sondern führt auch zu tieferer Selbsterkenntnis.

Stille als Quelle des Seins

In einer Welt voller Lärm und ständiger Aktivität scheint Stille ein rares Gut geworden zu sein. Doch die Stille, von der wir hier sprechen, ist mehr als nur die Abwesenheit von Geräuschen. Es ist eine innere Stille - die Quelle, aus der alles Leben entspringt.

Sarah entdeckte diese Dimension während eines Retreats: „Am dritten Tag der Stille geschah etwas Merkwürdiges. Der ständige Gedankenlärm begann sich zu lichten. Darunter öffnete sich ein Raum von tiefer Stille. Es war keine leere, tote Stille, sondern voller Leben und Präsenz. Als würde ich zum ersten Mal den Ozean unter den Wellen wahrnehmen."

Diese lebendige Stille ist immer da, auch mitten im Lärm des Alltags. Sie ist der Hintergrund, vor dem sich alle Erfahrung abspielt. Wie der stille Raum in einem Zimmer, der es erst ermöglicht, dass Möbel darin stehen können. Ohne diesen stillen Raum des Bewusstseins könnte keine Erfahrung stattfinden.

Marcus, ein Musiker, machte eine überraschende Entdeckung: „Als Komponist war ich fixiert auf Töne und Rhythmen. Dann begann ich, auf die Stille zwischen den Tönen zu achten. Ich erkannte: Die Stille ist nicht das Gegenteil von Klang - sie ist der Raum, in dem Musik überhaupt erst möglich wird. Diese Erkenntnis veränderte nicht nur meine Musik, sondern mein ganzes Leben."

Die Stille hat besondere Qualitäten:
- Sie ist zeitlos
- Sie ist grenzenlos
- Sie ist voller Potential

- Sie ist die Quelle von Kreativität
- Sie ist ihrer Natur nach friedvoll

Ein einfaches Experiment macht dies erfahrbar: Schließen Sie die Augen und lauschen Sie den Geräuschen um Sie herum. Achten Sie besonders auf die Stille zwischen und hinter den Geräuschen. Sie werden bemerken: Die Stille ist immer da, auch wenn sie von Klängen überlagert wird.

Clara, eine Geschäftsfrau, integrierte diese Erkenntnis in ihren Alltag: „Früher hetzte ich von Meeting zu Meeting. Jetzt nehme ich mir bewusst Momente der Stille - beim Warten auf den Aufzug, zwischen zwei Terminen. Diese kurzen ‚Stille-Inseln‘ erneuern meine Energie und Klarheit. Ich erkannte: Die Stille ist immer verfügbar, ich muss sie nur wahrnehmen."

Die Stille ist auch die Quelle echter Kreativität. Große Künstler, Wissenschaftler und Innovatoren berichten oft, dass ihre besten Ideen aus Momenten der Stille kamen. Wenn der mentale Lärm sich legt, können neue Einsichten auftauchen.

Thomas, ein Schriftsteller, beschreibt dies so: „Meine besten Texte entstehen nicht durch angestrengtes Denken. Sie tauchen auf aus der Stille. Es ist, als würde ich zum Kanal für etwas Größeres. Die Worte fließen dann wie von selbst. Diese kreativen Momente haben eine besondere Qualität von Mühelosigkeit."

Die Integration der Stille in den Alltag braucht keine speziellen Techniken. Es geht darum, die bereits vorhandene Stille zu erkennen und ihr mehr Raum zu geben. Dies kann geschehen:
- In kurzen Pausen zwischen Aktivitäten
- Beim bewussten Innehalten im Gespräch
- In Momenten des bewussten Atmens
- Beim stillen Beobachten der Natur

Das Wunder der reinen Wahrnehmung

Wie oft nehmen wir die Welt wirklich wahr? Meistens sehen wir nicht den Baum vor unserem Fenster, sondern unsere Gedanken über den Baum. Wir hören nicht den Vogel singen, sondern sind in unseren Interpretationen gefangen. Reine Wahrnehmung bedeutet, die Welt zu erleben, bevor der Verstand sie in bekannte Kategorien einordnet.

Lisa machte eine erstaunliche Erfahrung beim Spaziergang: „Ich hatte diesen Weg schon hundertmal genommen. Doch an diesem Morgen war etwas anders. Ich sah plötzlich alles wie zum ersten Mal - die tanzenden Blätter im Wind, das Spiel von Licht und Schatten, die Strukturen der

Baumrinde. Es war, als würde ein Schleier weg-
fallen. Alles war so lebendig, so unmittelbar."

Reine Wahrnehmung hat eine besondere Qualität
von Frische und Lebendigkeit. Es ist der Blick
eines Kindes, das die Welt noch nicht in Schub-
laden eingeordnet hat. Jeder Moment wird neu,
einzigartig, voller Wunder. Dies ist keine poeti-
sche Übertreibung, sondern eine direkte Erfahrung, die jedem zugänglich ist.

Michael, ein Kunsttherapeut, nutzt diese Erkenntnis in seiner Arbeit: „Ich bitte meine Klienten oft,
einen alltäglichen Gegenstand zu zeichnen - etwa
eine Orange. Aber nicht die Orange, die sie zu
kennen glauben, sondern das, was sie wirklich
sehen. Die Formen, Farben, Schatten. Es ist
erstaunlich, wie diese Übung die Wahrnehmung
öffnet."

Ein einfaches Experiment macht den Unterschied
deutlich:

Nehmen Sie einen gewöhnlichen Gegenstand - etwa eine Tasse. Betrachten Sie sie zunächst wie gewohnt. Dann versuchen Sie, sie zu sehen, als hätten Sie noch nie eine Tasse gesehen. Welche Formen, Texturen, Reflexionen entdecken Sie? Was geschieht mit Ihrer Wahrnehmung?

Anna beschreibt ihre Entdeckung: „Als ich anfing, die Welt ohne sofortige Benennung wahrzunehmen, öffnete sich eine neue Dimension. Selbst der Weg zur Arbeit wurde zu einer Entdeckungsreise. Ich erkannte: Das Leben ist nie langweilig - nur unsere gewohnheitsmäßige Art der Wahrnehmung macht es dazu."

Die Haupthindernisse für reine Wahrnehmung sind:

- Automatische Benennung und Kategorisierung

- Gewohnheitsmäßige Bewertungen (gut/ schlecht)

- Projektion vergangener Erfahrungen

- Gedankliche Ablenkung
- Zielgerichtete Aufmerksamkeit

Thomas, ein Fotograf, beschreibt seinen Durchbruch: „Als ich aufhörte, ständig nach dem ‚perfekten Bild' zu suchen, öffnete sich mein Blick. Ich begann die Schönheit in alltäglichen Momenten zu sehen - Regentropfen auf einem Fenster, Schatten auf einer Wand. Die Welt wurde zu einer endlosen Galerie von Wundern."

Reine Wahrnehmung ist eng verbunden mit Präsenz. Wenn wir vollständig im Jetzt sind, fallen die Filter des Verstandes natürlich weg. Was bleibt, ist unmittelbares, lebendiges Erleben. Dies führt oft zu einem tiefen Gefühl von Verbundenheit mit dem Wahrgenommenen.

Die Praxis der Präsenz im Alltag

Es ist eine Sache, Präsenz während einer Meditation oder in der Natur zu erfahren. Die wahre Herausforderung liegt darin, diese Qualität in unseren geschäftigen Alltag zu integrieren. Doch genau dort, inmitten von Termindruck, Beziehungen und alltäglichen Herausforderungen, zeigt sich der wahre Wert der Präsenz.

Maria, eine alleinerziehende Mutter von drei Kindern, fand ihren eigenen Weg: „Anfangs dachte ich, ich bräuchte Stunden von ungestörter Zeit für spirituelle Praxis. Dann entdeckte ich, dass jeder Moment eine Gelegenheit für Präsenz ist - beim Geschirrspülen, beim Autofahren, beim Zuhören wenn die Kinder erzählen. Diese kleinen Momente bewussten Seins veränderten allmählich meinen ganzen Tag."

Der Schlüssel liegt in der Entwicklung von „Präsenz-Ankern" - regelmäßigen Momenten im Tagesablauf, die uns an das bewusste Sein erinnern. Einige Beispiele:

- Der erste bewusste Atemzug am Morgen
  - Das Spüren der Füße beim Gehen
  - Bewusstes Wahrnehmen beim ersten Bissen einer Mahlzeit
  - Das Innehalten vor dem Öffnen einer Tür
  - Körperwahrnehmung beim Warten auf den Bus

Thomas, ein Unternehmensberater, integrierte solche Anker in seinen Arbeitstag: „Jedes Klingeln meines Telefons wurde zum Weckruf für Präsenz. Ein kurzer bewusster Atemzug vor dem Abheben veränderte die Qualität meiner Gespräche vollkommen. Ich war präsenter, klarer, empathischer."

Besonders wertvoll ist die Praxis des „Mikro-Innehaltens": Kurze Momente von 10-30 Sekunden, in denen wir bewusst aus dem Autopiloten aussteigen. Dies können natürliche Pausen sein:

- Zwischen zwei Aufgaben
    - An roten Ampeln
    - Beim Warten auf den Aufzug
    - Vor dem Start des Computers
    - Zwischen zwei Meetings

Anna, eine Krankenschwester, machte diese Mikro-Pausen zu ihrer Hauptpraxis: „In meinem hektischen Arbeitsalltag habe ich keine Zeit für lange Meditationen. Aber diese kurzen Momente des bewussten Atmens und Spürens zwischen Patientenbesuchen wurden zu meinen ‚Präsenz-Inseln'. Sie halten mich den ganzen Tag über zentriert."

Ein weiterer wichtiger Aspekt ist das bewusste Verlangsamen gewohnheitsmäßiger Handlungen.

Nicht um sie künstlich zu verzögern, sondern um sie vollständiger wahrzunehmen. Dies kann bei einfachen Tätigkeiten geübt werden:

- Bewusstes Händewaschen
    - Achtsames Treppensteigen
    - Präsentes Tastaturschreiben
    - Bewusstes Zähneputzen
    - Aufmerksames Türöffnen

In Emotionen präsent bleiben

Eine der größten Herausforderungen ist es, in emotional aufgeladenen Situationen präsent zu bleiben. Gerade wenn starke Gefühle aufsteigen, neigen wir dazu, uns in Reaktionsmustern und Gedankenketten zu verlieren. Doch genau diese

Momente bieten besondere Gelegenheiten für Wachstum und Transformation.

Sandra, eine Führungskraft, beschreibt ihre Lernerfahrung: „Früher wurde ich bei Konflikten sofort defensiv. Die Emotionen überrollten mich förmlich. Dann lernte ich eine einfache Praxis: Sobald ich Anspannung spüre, bringe ich meine Aufmerksamkeit bewusst zu den Körperempfindungen. Ich bleibe bei der direkten Erfahrung, statt in die Geschichte darüber zu gehen. Das veränderte alles."

Der Schlüssel liegt darin, Emotionen als Körperempfindungen wahrzunehmen, bevor der Verstand seine Geschichte darüber konstruiert. Jede Emotion hat eine physische Signatur:

Angst kann sich als:
    - Enge in der Brust zeigen
    - Flattern im Bauch
    - Anspannung im Nacken

- Flaches Atmen
- Schwitzen der Hände

Peter entdeckte die Kraft dieser Praxis in seiner Beziehung: „Wenn meine Partnerin etwas sagte, das mich triggerte, spürte ich sofort Hitze aufsteigen. Statt wie früher sofort zu reagieren, blieb ich bei dieser Körperempfindung. Ich bemerkte: Die reine Empfindung dauerte nur Sekunden - wenn ich nicht in die mentale Geschichte einstieg."

Ein hilfreiches Modell ist die „90-Sekunden-Regel" der Neurowissenschaftlerin Jill Bolte Taylor: Die reine physiologische Reaktion einer Emotion dauert etwa 90 Sekunden. Was länger dauert, ist unsere gedankliche Verstrickung damit. Wenn wir lernen, diese 90 Sekunden bewusst zu durchleben, ohne eine Geschichte daraus zu machen, gewinnen wir enorme Freiheit.

Maria, eine Lehrerin, wendete dies im Klassenzimmer an: „Wenn ein Schüler mich provozierte, spürte ich Ärger aufsteigen. Statt zu reagieren, blieb ich bei den Körperempfindungen - die Hitze im Gesicht, die Spannung in den Schultern. Nach etwa einer Minute löste sich die Intensität von selbst. Ich konnte dann viel klarer und konstruktiver reagieren."

Besonders kraftvoll ist die RAIN-Formel für emotionale Präsenz:

R - Recognize (Die Emotion erkennen)

A - Allow (Sie sein lassen, nicht bekämpfen)

I - Investigate (Mit freundlichem Interesse erforschen)

N - Non-Identification (Sich nicht damit identifizieren)

Thomas wandte dies in Stresssituationen an: „Statt in Panik zu verfallen, wenn eine Deadline näher rückte, praktizierte ich RAIN. Ich erkannte die Angst, ließ sie da sein, untersuchte wie sie sich anfühlte. Das schuf einen inneren Raum. Die

Situation war dieselbe, aber mein Verhältnis dazu veränderte sich grundlegend."

Beziehungen aus der Präsenz leben

Unsere Beziehungen sind oft der anspruchsvollste Übungsplatz für Präsenz. Hier zeigen sich unsere Konditionierungen und Trigger am deutlichsten. Doch gerade deshalb bieten Beziehungen besondere Chancen für Wachstum und tiefere Verbindung.

Anna und Michael lernten dies in ihrer Partnerschaft: „Früher ging es in unseren Gesprächen oft aneinander vorbei. Jeder war so beschäftigt mit seinen eigenen Gedanken und Reaktionen, dass echtes Zuhören kaum möglich war. Dann begannen wir, bewusst präsent zu sein wenn der andere spricht. Die Qualität unserer Kommunikation veränderte sich dramatisch. Es entstand ein Raum von echter Begegnung."

Präsentes Zuhören hat eine besondere Qualität:
- Die volle Aufmerksamkeit ist beim anderen
- Wir hören nicht nur Worte, sondern auch Zwischentöne
- Wir sind offen für das Unerwartete
- Wir urteilen nicht sofort
- Wir bereiten nicht schon die nächste Antwort vor

Sarah, eine Therapeutin, beschreibt den Unterschied: „Wenn ich wirklich präsent zuhöre, entsteht eine tiefe Verbindung. Ich höre nicht nur mit den Ohren, sondern mit meinem ganzen Sein. Der andere fühlt sich wirklich gesehen und verstanden. Oft lösen sich Probleme allein dadurch, dass sie in diesem Raum von Präsenz gehört werden."

Besonders wertvoll ist die Praxis des „Zeit-Schenkens": Momente, in denen wir einem Menschen unsere ungeteilte Aufmerksamkeit schenken. Keine Ablenkung durch Handy, keine innere To-Do-Liste, nur reines Da-Sein mit dem anderen. Dies können kurze Momente sein:

- Der erste Morgengruß
- Eine bewusste Umarmung
- Ein präsentes Gespräch beim Kaffee
- Ein Moment des Augenkontakts

Thomas wendete dies in seiner Familie an: „Ich begann, meinen Kindern jeden Tag zehn Minuten absolute Präsenz zu schenken. Keine Erziehung, keine Agenda, einfach nur Da-Sein und Teilhaben an ihrer Welt. Diese kurzen Momente vertieften unsere Bindung mehr als stundenlange ‚Qualitätszeit' mit geteilter Aufmerksamkeit."

Ein weiterer wichtiger Aspekt ist das Erkennen und Loslassen von Projektionen. Oft sehen wir in anderen nicht die reale Person, sondern unsere mentalen Bilder und Erwartungen. Präsenz ermöglicht uns, diese Schleier zu durchschauen und dem anderen frisch zu begegnen.

Clara erlebte dies in ihrer langjährigen Ehe: „Nach zwanzig Jahren glaubte ich, meinen Mann in- und auswendig zu kennen. Als ich begann, ihn mit frischem Blick wahrzunehmen, war ich überrascht. Ich entdeckte neue Seiten an ihm. Es war, als würde ich ihn zum ersten Mal wirklich sehen."

Die Natur als Lehrmeisterin der Präsenz

Die Natur bietet uns einen besonderen Zugang zur Präsenz. Im Gegensatz zu unserer von Menschen geschaffenen Umgebung folgt sie ihren eigenen Rhythmen. Sie ist immer im Jetzt, ungekünstelt, ohne mentale Konzepte. Sie kann uns lehren, was es bedeutet, einfach zu sein.

David, ein ehemaliger Workaholic, beschreibt seine Transformation: „Mein Arzt verschrieb mir nach dem Burnout tägliche Waldspaziergänge. Anfangs war es schwierig - mein Kopf plante weiter Meetings, löste Probleme. Doch allmählich begann die Stille des Waldes in mich einzudringen. Ich lernte von den Bäumen. Sie stehen einfach da, präsent, verwurzelt. Sie müssen nichts beweisen, nichts erreichen. Diese Erkenntnis veränderte mein ganzes Leben."

Die Natur bietet unzählige Lektionen in Präsenz:

Ein Baum lehrt uns:
- Verwurzelung im Hier und Jetzt
- Flexibilität im Wandel der Jahreszeiten
- Stille Kraft und Ausdauer

- Natürliches Wachstum ohne Forcieren
- Verbundenheit mit allem Leben

Maria entdeckte dies während einer schweren Lebenskrise: „Ich beobachtete einen Bach. Das Wasser floss einfach, nahm jeden Moment wie er kam, fand seinen Weg um Hindernisse. Ich erkannte: Das Leben will fließen. Mein Widerstand gegen ‚was ist' erschuf das Leiden. Diese einfache Naturbeobachtung lehrte mich mehr als Jahre von Therapie."

Besonders wertvoll sind bewusste Naturkontakte:
- Barfuß über eine Wiese gehen
- Einen Sonnenaufgang beobachten
- Den Wind auf der Haut spüren
- Einem Vogel beim Singen lauschen
- Einen Baum berühren

Sarah praktiziert dies täglich: „Jeden Morgen verbringe ich zehn Minuten in meinem Garten. Ich beobachte, wie sich die Pflanzen im Wind bewegen, höre die Vögel, spüre die Erde unter meinen Füßen. Diese kurze Zeit in der Natur zentriert mich für den ganzen Tag. Sie erinnert mich an das, was wirklich wichtig ist."

Die Natur lehrt uns auch über den natürlichen Rhythmus von Aktivität und Ruhe. Wie Tag und Nacht wechseln, wie die Jahreszeiten kommen und gehen, so hat auch unser Leben seine Zyklen. In unserer „24/7-Gesellschaft" haben wir oft den Kontakt zu diesen natürlichen Rhythmen verloren.

Thomas, ein Manager, lernte dies auf die harte Tour: „Ich ignorierte jahrelang meine natürlichen Rhythmen, arbeitete durch, wenn der Körper Ruhe brauchte. Ein Zusammenbruch zwang mich zum Umdenken. Heute orientiere ich mich mehr an natürlichen Zyklen. Ich plane wichtige Meetings wenn ich naturally energetisch bin, respektiere meine Ruhephasen. Das macht mich nicht weniger produktiv - im Gegenteil."

Transformation durch Präsenz

Die regelmäßige Praxis der Präsenz führt zu tiefgreifenden Veränderungen in unserem Leben. Diese Transformation geschieht nicht durch Anstrengung oder mentale Konzepte, sondern durch das einfache, beständige Bewusstsein dessen, was ist.

Julia, eine Künstlerin, beschreibt ihren Prozess: „Anfangs versuchte ich mich durch Willenskraft zu verändern. Ich hatte klare Vorstellungen davon, wie ich sein sollte. Doch je mehr ich kämpfte, desto mehr Widerstand entstand. Durch die Praxis der Präsenz lernte ich etwas Fundamentales: Wahre Veränderung beginnt mit der vollständigen Akzeptanz dessen, was ist. Paradoxerweise führte gerade dieses Loslassen des Veränderungswunsches zu echter Transformation."

Der Transformationsprozess hat verschiedene Aspekte:

Heilung alter Wunden:

In der Präsenz können alte emotionale Verletzungen ans Licht kommen und heilen. Wenn wir schwierige Gefühle nicht mehr vermeiden, sondern ihnen mit bewusstem Gewahrsein begegnen, lösen sie sich allmählich auf. Es ist wie Sonnenlicht, das alte Schatten erhellt.

Marcus erlebte dies in seiner Therapie: „Jahrelang lief ich vor den Gefühlen weg, die der frühe Verlust meiner Mutter hinterlassen hatte. In der Therapie lernte ich, präsent mit diesen Gefühlen zu sein. Es war nicht einfach, aber je mehr ich es zuließ, desto mehr löste sich der alte Schmerz.

Heute kann ich an meine Mutter denken ohne von Trauer überwältigt zu werden."

Loslassen was nicht mehr dient:

Präsenz hilft uns, zu erkennen, welche Verhaltensmuster, Beziehungen oder Situationen nicht mehr stimmig sind. Dieses Erkennen führt oft natürlich zum Loslassen, ohne dass wir uns dazu zwingen müssen.

Anna beschreibt ihre Erfahrung: „Als ich anfing, wirklich präsent in meinem Job zu sein, wurde mir klar, wie sehr er mich einengte. Diese Erkenntnis kam nicht aus mentaler Analyse, sondern aus einem tiefen Körpergefühl. Der Entschluss zu kündigen entstand dann ganz natürlich, ohne inneren Kampf."

Die Freude des Seins entdecken:

Je mehr wir im Jetzt präsent sind, desto mehr entdecken wir eine grundlegende Freude, die nicht von äußeren Umständen abhängt. Es ist die Freude des reinen Seins, die immer verfügbar ist.

Sarah fand dies in einer unerwarteten Situation: „Ich saß im Stau, normalerweise eine Situation die mich wahnsinnig macht. Doch diesmal blieb ich präsent, beobachtete meine Atmung, die anderen Autos, den Himmel. Plötzlich spürte ich eine grundlose Freude. Nichts hatte sich äußerlich verändert, aber mein inneres Erleben war völlig anders."

Authentisch leben

Präsenz führt uns zu unserer natürlichen Authentizität. Wenn wir nicht mehr ständig versuchen, einem mentalen Bild von uns selbst zu entsprechen, können wir uns erlauben, einfach zu sein wer wir sind.

Michael, ein Lehrer, beschreibt seinen Weg: „Jahrelang spielte ich eine Rolle - der strenge, allwissende Pädagoge. Es war anstrengend, diese Fassade aufrechtzuerhalten. Durch die Praxis der Präsenz begann ich zu erkennen, dass echte Autorität nicht aus einer Rolle kommt, sondern aus authentischem Sein. Als ich begann, einfach ich selbst zu sein, mit allen Stärken und Schwächen, wurde mein Unterricht lebendiger und die Beziehung zu den Schülern tiefer."

Authentizität zeigt sich in verschiedenen Bereichen:

Im Ausdruck:

Wenn wir präsent sind, sprechen wir mehr aus dem Moment heraus statt aus vorgefertigten Mustern. Unsere Kommunikation wird direkter, klarer und wahrhaftiger. Es ist, als würden die Worte aus einer tieferen Quelle kommen.

Clara, eine Therapeutin, erlebte dies in ihrer Arbeit: „Früher bereitete ich mich mental auf jede Sitzung vor, hatte immer die ‚richtigen' therapeutischen Antworten parat. Heute vertraue ich mehr dem Moment. Ich bleibe präsent und lasse die Antworten aus der Situation entstehen. Paradoxerweise sind diese spontanen Reaktionen oft viel passender als meine vorbereiteten Interventionen."

In Beziehungen:

Authentische Präsenz verändert die Qualität unserer Beziehungen grundlegend. Wenn wir keine Rollen mehr spielen müssen, entsteht Raum für echte Begegnung.

Thomas beschreibt die Veränderung in seiner Partnerschaft: „Als ich aufhörte, der ‚perfekte Partner' sein zu wollen und einfach präsent war mit allem was ist - auch mit meinen Unsicherheiten und Ängsten - vertiefte sich unsere Beziehung. Es entstand eine neue Intimität, die auf Wahrhaftigkeit basiert statt auf Idealen."

In der Arbeit:

Authentische Präsenz ermöglicht uns, unsere einzigartigen Gaben in die Welt zu bringen. Statt uns an externen Erwartungen zu orientieren, können wir unserem inneren Kompass folgen.

Sarah fand dadurch zu ihrer wahren Berufung: „Ich hatte einen prestigeträchtigen Job, aber innerlich fühlte ich mich leer. Durch regelmäßige Präsenzpraxis begann ich meiner inneren Stimme zu lauschen. Sie führte mich auf einen völlig anderen Weg - weg vom Management, hin zur kreativen Arbeit mit Kindern. Heute fühlt sich meine Arbeit nicht mehr wie Arbeit an, sondern wie authentischer Selbstausdruck."

Präsenz in Herausforderungen

Besonders wertvoll zeigt sich die Kraft der Präsenz in schwierigen Situationen. Gerade wenn das Leben uns herausfordert, wenn Krisen oder unerwartete Veränderungen eintreten, kann bewusstes Sein uns durch den Sturm führen.

Eva durchlief eine schmerzhafte Scheidung: „Anfangs war ich überwältigt von Schmerz und Wut. Ich wollte diese Gefühle nicht spüren, flüchtete mich in Ablenkung und Aktivität. In der Therapie lernte ich, präsent mit allem zu sein was auftauchte. Ich entdeckte: Wenn ich den Schmerz nicht mehr bekämpfte, sondern ihm mit bewusstem Gewahrsein begegnete, begann ein echter Heilungsprozess. Die Präsenz wurde zu meinem Anker in stürmischen Zeiten."

In Herausforderungen zeigt sich Präsenz auf verschiedenen Ebenen:

Im Körper:

Stress und schwierige Emotionen manifestieren sich immer körperlich. Präsenz ermöglicht uns, diese physischen Manifestationen bewusst wahrzunehmen und zu integrieren, statt sie zu verdrängen.

Marcus, ein Chirurg, nutzt dies in Stresssituationen: „Während komplizierter Operationen bemerke ich sofort, wenn Anspannung aufsteigt. Statt sie zu ignorieren, nehme ich sie bewusst wahr - die Enge in der Brust, die Anspannung in den Schultern. Indem ich präsent damit bin, löst sich die Spannung oft von selbst. Ich bleibe klar und fokussiert, auch unter Druck."

In Emotionen:

Präsenz gibt uns die Fähigkeit, auch intensive Gefühle zu halten, ohne von ihnen überwältigt zu werden. Wie ein weiter Himmel, der alle Wetterzustände beherbergen kann.

Clara beschreibt ihre Erfahrung mit Angst: „Früher versuchte ich, Angst zu kontrollieren oder zu vermeiden. Heute bleibe ich präsent damit. Ich beobachte wie sie kommt, wie sie sich im Körper anfühlt, wie sie wieder geht. Die Angst ist noch da, aber ich bin nicht mehr ihr Gefangener. Es gibt einen größeren Raum von Bewusstheit, der alles halten kann."

In äußeren Umständen:

Präsenz ermöglicht uns, auch mit unerwünschten Situationen konstruktiv umzugehen. Statt gegen die Realität zu kämpfen, können wir klar sehen was ist und angemessen darauf reagieren.

Thomas erlebte dies beim Verlust seines Jobs: „Natürlich war es ein Schock. Aber durch die

Präsenzpraxis konnte ich die Situation klarer sehen. Statt in Panik oder Selbstmitleid zu verfallen, blieb ich präsent mit der Realität. Aus dieser Klarheit entstanden neue Möglichkeiten, die ich sonst vielleicht übersehen hätte."

Integration in den Alltag

Die tiefste Herausforderung liegt darin, Präsenz nicht als separate spirituelle Praxis zu sehen, sondern sie vollständig in unser tägliches Leben zu integrieren. Jeder Moment bietet eine Gelegenheit, präsent zu sein - vom Aufwachen bis zum Schlafengehen.

Maria, eine vielbeschäftigte Geschäftsfrau, beschreibt ihren Weg: „Lange dachte ich, Spiritualität gehöre in den Meditationsraum und Business ins Büro. Diese Trennung erzeugte eine innere Spaltung. Der Durchbruch kam, als ich begriff: Jede Aktivität kann eine Präsenzpraxis sein. Eine E-Mail schreiben, ein Meeting leiten, sogar Excel-Tabellen bearbeiten - alles kann mit bewusster Präsenz geschehen. Heute fühlt sich mein Leben ganzheitlicher an."

Die Integration zeigt sich in verschiedenen Lebensbereichen:

Morgenroutinen entwickeln:
Der Start in den Tag prägt oft seinen weiteren Verlauf. Bewusste Morgenrituale können uns in der Präsenz verankern.

David entwickelte seine eigene Routine: „Ich beginne jeden Tag mit fünf Minuten stillem Sitzen. Dann ein bewusster Kaffee - ich nehme mir Zeit, den Duft wahrzunehmen, den Geschmack zu genießen. Diese kleinen Rituale stimmen mich ein auf einen präsenten Tag. Sie sind wie ein inneres Ausrichten des Kompasses."

Übergänge bewusst gestalten:

Unser Tag ist voller Übergänge - von zu Hause zur Arbeit, von einer Aufgabe zur nächsten, von der Arbeit nach Hause. Diese Momente bieten besondere Gelegenheiten für Präsenz.

Anna nutzt diese Zeiten bewusst: „Der Weg zur Arbeit war früher verlorene Zeit - ich hing in Gedanken oder checkte mein Handy. Heute nutze ich diese 20 Minuten als Präsenzpraxis. Ich nehme bewusst meine Umgebung wahr, spüre meinen Gang, atme bewusst. Diese kurze Zeit verändert die Qualität meines ganzen Arbeitstages."

Präsenzinseln schaffen:

In unserem geschäftigen Alltag brauchen wir regelmäßige Momente des bewussten Innehaltens

- kleine „Präsenzinseln" im Strom der Aktivitäten.

Thomas integrierte dies in seinen Arbeitsalltag: „Ich programmierte mein Handy so, dass es jede Stunde einmal vibriert. Das ist mein Signal für einen kurzen Präsenzmoment - drei bewusste Atemzüge, Körper wahrnehmen, innerlich zur Ruhe kommen. Diese Mini-Pausen halten mich den ganzen Tag über zentriert."

Mit Herausforderungen umgehen

Der wahre Test für unsere Präsenzpraxis kommt in herausfordernden Situationen. Gerade wenn Stress, Konflikte oder unerwartete Schwierigkeiten auftreten, zeigt sich, wie tief die Integration der Präsenz in unser Leben reicht.

Sandra, eine Krankenschwester in der Notaufnahme, beschreibt ihre Erfahrung: „In Notfällen zählt jede Sekunde. Früher wurde ich oft von der Hektik mitgerissen, machte Fehler aus Stress. Durch regelmäßige Präsenzpraxis entwickelte ich eine innere Ruhe, die auch in Krisensituationen hält. Ich kann schnell handeln und gleichzeitig innerlich zentriert bleiben. Diese Balance macht mich effektiver und belastbarer."

Präsenz in Herausforderungen hat verschiedene Aspekte:

Stressmanagement durch Präsenz:
    Wenn wir lernen, die ersten Anzeichen von Stress bewusst wahrzunehmen, können wir frühzeitig gegensteuern. Der Körper sendet immer Signale, bevor wir in die volle Stressreaktion gehen.

Michael, ein Manager, entwickelte dafür eine eigene Strategie: „Ich erkenne Stress jetzt an subtilen Zeichen - eine leichte Anspannung im Nacken, flacherer Atem, schnellere Gedanken. In solchen Momenten nehme ich mir bewusst 30 Sekunden Zeit. Ich atme tief in den Bauch, spüre meine Füße am Boden, weite mein Bewusstsein. Diese kurze Pause verhindert oft eine volle Stresseskalation."

Konflikte präsent handhaben:

In Konfliktsituationen neigen wir besonders dazu, in alte Reaktionsmuster zu fallen. Präsenz ermöglicht uns, aus diesen Mustern auszusteigen und bewusst zu antworten.

Lisa wendete dies in ihrer Familie an: „Früher endeten Meinungsverschiedenheiten oft in alten Streitmustern. Jetzt erkenne ich, wenn ich in die Reaktion gehe. Ich halte inne, spüre meinen Körper, atme bewusst. Aus dieser Präsenz heraus kann ich zuhören statt sofort zu kontern. Die Gespräche werden konstruktiver."

Die Kunst des präsenten Lebens:

Mit zunehmender Übung wird Präsenz zu einer natürlichen Art zu leben. Sie durchdringt alle Aktivitäten, ob alltäglich oder außergewöhnlich.

Thomas beschreibt diese Integration: „Präsenz ist nicht mehr etwas, das ich tue, sondern wie ich lebe. Ob ich koche, arbeite, mit Freunden spreche oder alleine bin - es gibt immer diese Dimension des bewussten Seins im Hintergrund. Sie ist wie ein innerer Raum, der alles umfasst und trägt."

Diese tiefe Integration führt zu einer natürlichen Gelassenheit und Freude im Leben. Nicht weil alles perfekt läuft, sondern weil wir lernen, mit allem was kommt präsent zu sein. Das Leben wird nicht einfacher, aber unsere Fähigkeit damit umzugehen wächst.

Eine Zusammenfassung

Der Weg zur Präsenz ist eine Reise des Erwachens aus der Konditionierung in die lebendige Wirklichkeit des Moments. Diese Reise beginnt mit dem Erkennen, wie sehr unser Leben von unbewussten Mustern bestimmt wird - von der Art wie wir denken, fühlen und handeln bis hin zu unserer grundlegenden Wahrnehmung der Realität.

Unsere Konditionierung ist wie ein unsichtbares Gefängnis, erschaffen durch Sprache, Kultur und persönliche Erfahrungen. Die gute Nachricht ist: Wir müssen nicht Gefangene dieser Konditionierung bleiben. Durch bewusstes Gewahrsein können wir die Muster erkennen und uns von ihrer automatischen Steuerung befreien.

Eine zentrale Erkenntnis ist, dass wir nicht unsere Gedanken sind. Gedanken kommen und gehen wie Wolken am Himmel - wir haben die Wahl, ob wir ihnen folgen oder sie ziehen lassen. Diese Einsicht allein kann schon enorm befreiend wirken. Wie Maria es ausdrückt: „Als ich erkannte, dass ich nicht jeder Gedankenspur folgen muss, war das wie ein Aufwachen aus einem langen Traum."

Besonders wichtig ist das Verständnis unserer emotionalen Trigger. Diese automatischen Reaktionsmuster stammen meist aus der Vergangenheit, doch sie beeinflussen unser gegenwärtiges Erleben. Zwischen Reiz und Reaktion liegt jedoch immer ein Spalt - ein Moment der Freiheit und Wahl. In diesem Spalt liegt unsere Chance zur bewussten Antwort statt unbewusster Reaktion.

Die einzige Realität, die wir je direkt erfahren können, ist der gegenwärtige Moment. Doch wie oft sind wir wirklich hier? Meist kreist unser Geist in Vergangenheit oder Zukunft, in Sorgen, Planungen oder Erinnerungen. Präsenz bedeutet, nach Hause zu kommen in das Jetzt - den einzigen Ort, wo Leben tatsächlich stattfindet.

Die Integration von Präsenz in den Alltag ist dabei der Schlüssel. Es geht nicht darum, ein „spirituelles Leben" getrennt vom normalen Leben zu führen. Jeder Moment - ob wir spülen, arbeiten oder im Stau stehen - ist eine Gelegenheit für bewusstes Sein. Wie Thomas es beschreibt: „Präsenz ist keine separate Praxis mehr, sondern eine Art zu leben."

Diese Integration führt zu tiefgreifenden Veränderungen:
- Wir werden freier von alten Konditionierungen.

- Unsere Beziehungen werden authentischer
- Wir entwickeln mehr Resilienz in Herausforderungen
- Eine grundlegende Freude des Seins wird spürbar
- Das Leben gewinnt an Tiefe und Lebendigkeit

Der Weg der Präsenz ist dabei kein linearer Pfad zur „Erleuchtung", sondern ein kontinuierliches Erwachen im Alltag. Jeder Moment bietet die Möglichkeit, neu zu beginnen, frisch wahrzunehmen, bewusst zu sein. In dieser Frische liegt die wahre Freude des Lebens.

Praktische Schritte zur Integration von Präsenz

Die Integration von Präsenz in unser Leben ist keine komplizierte Technik, sondern ein einfacher – wenn auch nicht immer leichter – Prozess des Erwachens zu dem, was bereits ist. Hier sind konkrete Schritte, die Sie unterstützen können:

Morgenroutine entwickeln:

- Beginnen Sie den Tag mit 5 Minuten bewusstem Atmen

- Nehmen Sie die erste Tasse Kaffee/Tee in voller Präsenz zu sich

- Spüren Sie bewusst Ihre ersten Schritte am Morgen

- Vermeiden Sie es, sofort zum Handy zu greifen

Sarah beschreibt ihre Erfahrung: „Die ersten 15 Minuten am Morgen bestimmen oft meinen ganzen Tag. Seit ich diese Zeit bewusst gestalte statt gleich in E-Mails und Nachrichten einzutauchen, bin ich zentrierter und klarer."

Präsenz-Anker im Alltag:

- Das Klingeln des Telefons als Weckruf zur Präsenz nutzen
- An roten Ampeln bewusst atmen
- Beim Händewaschen ganz bei dieser Tätigkeit sein
- Türklinken als Erinnerung an Präsenz verwenden

Michael entdeckte die Kraft dieser kleinen Momente: „Ich habe überall im Büro gelbe Punkte geklebt. Jedes Mal wenn ich einen sehe, komme ich zurück in die Präsenz. Diese Mini-Unterbrechungen des Autopiloten machen einen erstaunlichen Unterschied."

Körperliche Präsenz kultivieren:

- Regelmäßig einen Körper-Scan durchführen
- Beim Gehen die Füße spüren
- Verspannungen im Körper als Präsenz-Wecker nutzen
- Bewusst atmen in stressigen Situationen

Clara lernte dies nach einem Burnout: „Der Körper sendet ständig Signale. Wenn ich präsent damit bin, kann ich Stress früh erkennen und gegensteuern. Der Körper wurde zu meinem wichtigsten Lehrer für Präsenz."

Diese Praktiken sind einfach, aber wirksam. Der Schlüssel liegt in der regelmäßigen Anwendung. Wie ein Muskel, der durch Training stärker wird, wächst auch unsere Fähigkeit zur Präsenz durch beständige Übung.

Transformation durch Präsenz

Heilung alter Wunden

Wenn wir beginnen, präsent mit unserem inneren Erleben zu sein, kommen oft alte, unverarbeitete Erfahrungen an die Oberfläche. Dies ist ein natürlicher Teil des Heilungsprozesses. Die Präsenz schafft einen sicheren Raum, in dem alte Wunden endlich gesehen und integriert werden können.

Marie beschreibt ihre Erfahrung: „Als ich anfing, regelmäßig zu meditieren, tauchten plötzlich Erinnerungen an meine schwierige Kindheit auf. Früher hatte ich diese Gefühle immer weggedrückt. Jetzt konnte ich zum ersten Mal wirklich damit sein - mit der Trauer, der Wut, der Einsamkeit. Es war nicht einfach, aber ich spürte: Diese Gefühle wollten endlich gefühlt werden. In der Präsenz konnten sie sich lösen."

Der Heilungsprozess hat verschiedene Phasen:

Erkennen der Verletzung:

Oft sind wir uns unserer emotionalen Wunden gar nicht bewusst. Wir haben gelernt, sie zu ignorieren oder zu kompensieren. Die Präsenz macht diese verborgenen Verletzungen erst sichtbar.

Thomas entdeckte dies in einer Beziehungskrise: „Meine überstarke Reaktion auf Kritik meiner Partnerin machte mich stutzig. Als ich präsent damit war, erkannte ich: Da war eine alte Verletzung aus der Schulzeit - das Gefühl, nie gut genug zu sein. Diese Erkenntnis war der erste Schritt zur Heilung."

Mit dem Schmerz sein:

Der nächste Schritt ist es, den emotionalen Schmerz bewusst zu fühlen, ohne ihn zu vermeiden oder zu analysieren. Dies erfordert Mut und Mitgefühl mit uns selbst.

Sarah lernte dies in ihrer Therapie: „Jahrelang hatte ich funktioniert, war stark für alle anderen. In der Therapie lernte ich, meine eigene Verletzlichkeit zuzulassen. Präsent mit dem Schmerz zu sein, statt ihn wegzuschieben. Diese Momente waren oft überwältigend, aber auch zutiefst heilsam."

Integration und Transformation:
Wenn alte Wunden im Licht der Präsenz gesehen und gefühlt werden können, beginnt ein natürlicher Heilungsprozess. Die festgehaltene Energie kann sich lösen, neue Perspektiven werden möglich.

Michael beschreibt seinen Durchbruch: „Nach dem Tod meines Vaters hatte ich mich emotional verschlossen. Durch die Präsenzarbeit öffnete sich mein Herz wieder. Ich konnte nicht nur den Schmerz fühlen, sondern auch die Liebe, die darunter lag. Das veränderte meine ganze Art, Beziehungen zu leben."

Loslassen was nicht mehr dient

Der Prozess des Loslassens geschieht auf natürliche Weise durch Präsenz. Wenn wir vollständig im Jetzt sind, werden wir uns oft automatisch bewusst, welche Aspekte unseres Lebens nicht mehr stimmig sind - seien es Beziehungen, Gewohnheiten, Glaubenssätze oder äußere Umstände.

Andreas, ein erfolgreicher Anwalt, beschreibt seine Erfahrung: „Zwanzig Jahre lang hatte ich in einer großen Kanzlei gearbeitet. Von außen sah alles perfekt aus - Status, Geld, Anerkennung. Durch meine Präsenzpraxis wurde mir allmählich klar, wie sehr dieser Weg mich von mir selbst entfernt hatte. Diese Erkenntnis kam nicht aus logischer Analyse, sondern aus einem tiefen inneren Wissen. Der Entschluss zu kündigen und eine eigene, kleinere Praxis zu eröffnen, entstand ganz natürlich aus dieser Klarheit."

Der Prozess des Loslassens hat verschiedene Ebenen:

Mentales Loslassen:

Oft halten wir an Überzeugungen und Glaubenssätzen fest, die uns längst nicht mehr dienen. In der Präsenz können wir erkennen, wie diese mentalen Muster unser Leben einschränken.

Julia entdeckte dies in ihrer persönlichen Entwicklung: „Der Glaubenssatz ‚Ich muss es allen recht machen' hatte mich mein Leben lang begleitet. Durch präsentes Beobachten sah ich, wie dieser Gedanke mich ständig erschöpfte und von meiner Wahrheit wegführte. Das bloße Erkennen begann dieses Muster bereits aufzulösen."

Emotionales Loslassen:

Viele Menschen tragen alte emotionale Lasten mit sich - Groll, Verbitterung, unerfüllte Wünsche. Präsenz ermöglicht uns, diese Gefühle wahrzunehmen und ziehen zu lassen.

Markus beschreibt seinen Prozess: „Nach meiner Scheidung trug ich jahrelang Wut und Verletzung mit mir herum. In der Meditation begann ich zu spüren, wie diese Gefühle mich von innen vergifteten. Als ich präsent damit sein konnte, ohne eine Geschichte daraus zu machen, begannen sie sich allmählich zu lösen. Heute kann ich meiner Ex-Frau mit echtem Mitgefühl begegnen."

Äußeres Loslassen:

Wenn wir innerlich loslassen, folgt oft auch äußeres Loslassen - von Beziehungen, die nicht mehr stimmig sind, von Besitz, der uns belastet, von Aktivitäten, die uns keine Freude mehr bringen.

Sarah erlebte dies beim Aufräumen: „Durch mehr Präsenz im Alltag wurde mir bewusst, wie sehr all die angesammelten Dinge meine Energie blockierten. Das Loslassen geschah dann ganz natürlich - ich musste mich nicht zwingen. Jedes weggegebene Teil fühlte sich wie ein Akt der Befreiung an."

Der Schlüssel beim Loslassen ist, dass es nicht aus dem Willen oder mentalen Konzepten geschieht, sondern aus klarem Sehen dessen, was ist. Es ist wie das natürliche Fallenlassen eines herbstlichen Blattes - wenn die Zeit reif ist, löst es sich von selbst.

Die Freude des Seins entdecken

Je mehr wir in der Präsenz verankert sind, desto mehr entdecken wir eine Qualität von Freude, die nicht von äußeren Umständen abhängt. Es ist eine grundlegende Freude des reinen Seins, die immer verfügbar ist - selbst in schwierigen Momenten.

Elena, eine Krankenschwester auf der Palliativstation, beschreibt ihre überraschende Entdeckung: „Inmitten von Krankheit und Tod fand ich eine tiefe Freude. Nicht eine oberflächliche Fröhlichkeit, sondern etwas Fundamentaleres - die Freude des bewussten Daseins selbst. Diese

Freude kann gleichzeitig mit Trauer oder Schmerz existieren. Sie ist wie ein stiller Untergrund, der alles trägt."

Diese fundamentale Freude hat besondere Eigenschaften:

Sie ist bedingungslos:
Anders als das gewöhnliche Glück, das von äußeren Umständen abhängt, entspringt die Freude des Seins aus der Präsenz selbst. Sie braucht keinen Grund, keine besonderen Bedingungen.

Michael entdeckte dies während einer Lebenskrise: „Ich hatte meinen Job verloren, meine Beziehung war zerbrochen - äußerlich gab es wenig Grund zur Freude. Doch in der Meditation erlebte ich Momente einer grundlosen Freude. Sie kam nicht aus den Umständen, sondern aus der einfachen Tatsache des Existierens. Diese Entdeckung veränderte alles."

Sie ist immer verfügbar:

Diese Seinsfreude ist nicht etwas, das wir erzeugen oder erreichen müssen. Sie ist bereits da, verborgen unter dem Lärm unserer Gedanken und Emotionen.

Anna beschreibt ihre Erfahrung: „Früher jagte ich der Freude nach - durch Erfolg, Beziehungen, Erlebnisse. Heute erkenne ich: Die tiefste Freude ist schon da. Sie ist wie die Sonne, die immer scheint, auch wenn Wolken sie zeitweise verdecken. In jedem Moment, in dem ich wirklich präsent bin, kann ich sie spüren."

Sie transformiert den Alltag:

Wenn wir diese grundlegende Freude entdecken, verändert sich unsere gesamte Erfahrung des Lebens. Gewöhnliche Momente werden außergewöhnlich.

Thomas erlebt dies täglich: „Das Morgenlicht auf den Blättern, das Geräusch von Regentropfen, ein Lächeln im Vorübergehen - alles wird zu einem Wunder, wenn wir wirklich präsent sind. Es ist, als würde das Leben eine neue Dimension von Schönheit und Bedeutung gewinnen."

Dies ist keine spirituelle Theorie, sondern eine direkte Erfahrung, die jedem zugänglich ist. Sie erfordert nur die Bereitschaft, den gegenwärtigen Moment vollständig zu empfangen, mit allem, was er bringt.

Authentisch leben

Wahre Präsenz führt uns unweigerlich zu mehr Authentizität. Wenn wir nicht mehr ständig versuchen, einem idealen Selbstbild zu entsprechen oder den Erwartungen anderer gerecht zu werden, entsteht Raum für unser wahres Wesen.

Nina, eine Führungskraft, beschreibt ihre Transformation: „Jahrelang trug ich eine Maske bei der Arbeit - die toughe Managerin, die keine Schwächen zeigt. Die Aufrechterhaltung dieser Fassade war unglaublich anstrengend. Durch die Präsenzpraxis begann ich zu erkennen, dass echte Führungsstärke aus Authentizität kommt. Als ich anfing, auch meine Verletzlichkeit und Unsicherheiten zu zeigen, vertieften sich die Beziehungen zu meinen Mitarbeitern. Paradoxerweise wurde ich als Führungskraft effektiver, gerade weil ich die perfekte Fassade aufgab."

Authentisches Leben zeigt sich in verschiedenen Bereichen:

In der Kommunikation:

Wenn wir präsent sind, sprechen wir mehr aus unserem wahren Sein heraus. Unsere Worte werden klarer, direkter und wahrhaftiger. Es entsteht eine natürliche Autorität, die nicht aus Rollen oder Positionen kommt.

Marcus erfuhr dies als Lehrer: „Früher versuchte ich, die Kontrolle durch eine strenge Autorität zu behalten. Heute spreche ich aus meiner authentischen Präsenz heraus. Ich kann zugeben, wenn ich etwas nicht weiß, kann meine Begeisterung für ein Thema zeigen, aber auch meine Grenzen setzen. Die Schüler respektieren diese Echtheit viel mehr als meine frühere aufgesetzte Strenge."

In Beziehungen:

Authentizität verändert die Qualität unserer Beziehungen grundlegend. Wenn wir uns erlauben, echt zu sein, laden wir auch andere dazu ein.

Clara beschreibt ihre Erfahrung: „Meine Beziehungen waren lange von der Angst geprägt, nicht gemocht zu werden. Ich passte mich an, vermied Konflikte, versteckte meine wahren Gefühle. Die Präsenzarbeit gab mir den Mut, mich zu zeigen wie ich bin. Zu meiner Überraschung vertiefte dies meine Freundschaften. Einige Beziehungen endeten, aber die, die blieben, wurden echter und erfüllender."

In der Arbeit:

Authentische Präsenz ermöglicht uns, unsere einzigartigen Gaben in die Welt zu bringen. Statt vorgegebenen Karrierewegen zu folgen, können wir unserem inneren Kompass vertrauen.

Thomas fand dadurch zu seiner wahren Berufung: „Ich war Wirtschaftsanwalt, erfolgreich aber innerlich leer. Durch die regelmäßige Präsenzpraxis wurde mir klar, dass meine wahre Leidenschaft in der kreativen Arbeit mit Menschen liegt. Der Schritt in die Selbstständigkeit als Coach war beängstigend, aber zum ersten Mal fühlte sich meine Arbeit authentisch an."

Die Herausforderung beim authentischen Leben ist, dass es Mut erfordert. Es bedeutet, alte Sicherheiten loszulassen und dem zu vertrauen, was aus der Präsenz entsteht. Doch der Gewinn ist immens - ein Leben in Übereinstimmung mit unserem wahren Wesen.

Leben im Fluss

Wenn wir tief in der Präsenz verankert sind, entsteht eine neue Art des Lebens - ein Leben im Fluss. Statt gegen die Realität zu kämpfen oder ständig zu kontrollieren, versuchen, lernen wir, mit dem natürlichen Strom des Lebens zu fließen.

Maria, eine ehemalige Kontrollsüchtige, beschreibt ihre Transformation: „Mein Leben war wie ein ständiger Kampf. Ich versuchte alles zu planen, abzusichern, zu kontrollieren. Die Angst vor dem Unerwarteten war mein ständiger Begleiter. Durch die Präsenzpraxis lernte ich allmählich loszulassen. Ich entdeckte, dass das Leben einen eigenen intelligenten Fluss hat. Wenn ich diesem Fluss vertraue statt ihn zu kontrollieren, geschehen oft die erstaunlichsten Dinge."

Das Leben im Fluss hat besondere Qualitäten:

Mühelose Aktion:
Anders als das angestrengte „Machen" entsteht Handeln aus der Präsenz mühelos und natürlich. Es ist, als würde das Leben durch uns wirken, statt dass wir es erzwingen.

David, ein Künstler, erfährt dies in seiner Arbeit: „Die besten Werke entstehen, wenn ich nicht ‚male‘, sondern wenn das Malen durch mich geschieht. Es gibt Momente, wo alle Anstrengung wegfällt und eine Art mühelose Kreativität fließt. Diese Bilder haben eine ganz andere Qualität als die, die ich bewusst ‚machen‘ wollte."

Synchronizität:

Im Zustand des Fließens erleben wir oft bedeutungsvolle Zufälle und unerwartete Verbindungen. Es ist, als würde sich das Leben auf magische Weise fügen.

Anna beschreibt ihre Erfahrung: „Seit ich weniger plane und kontrolliere, erlebe ich erstaunliche Synchronizitäten. Die richtigen Menschen tauchen genau dann auf, wenn ich sie brauche. Türen öffnen sich unerwartet. Es ist, als würde das Leben selbst den Weg weisen, wenn ich ihm vertraue."

Natürliche Weisheit:

Im Fluss-Zustand haben wir Zugang zu einer tieferen Weisheit, die über unser gewöhnliches Denken hinausgeht. Entscheidungen entstehen mehr aus Intuition als aus Analyse.

Thomas erlebt dies in seiner Beratungspraxis: „Früher bereitete ich mich akribisch auf jede Sitzung vor. Heute vertraue ich mehr dem Moment. Wenn ich wirklich präsent bin, kommen die richtigen Worte oder Interventionen von selbst. Diese spontane Weisheit ist oft treffsicherer als alle vorgefertigten Konzepte."

Der Schlüssel zum Leben im Fluss ist das Vertrauen in etwas Größeres als unser kontrollierendes Ego. Es bedeutet nicht, passiv zu werden, sondern in einer neuen Art aktiv zu sein - aus der Präsenz heraus statt aus dem Willen.

Die innere Stille kultivieren

Unter all unseren Aktivitäten und Erfahrungen liegt eine Dimension der Stille. Sie ist wie der Ozean unter den Wellen - immer präsent, auch wenn die Oberfläche in Bewegung ist. Diese innere Stille zu entdecken und zu kultivieren ist ein wesentlicher Aspekt der Präsenzpraxis.

Robert, ein ehemaliger Workaholic, beschreibt seine Entdeckung: „Mein Leben war voller Lärm - ständiges Tun, Planen, Erreichen. Die Stille machte mir Angst, sie fühlte sich wie Leere an. In einer Burnout-bedingten Auszeit entdeckte ich eine andere Art von Stille. Nicht die bedrohliche Leere, die ich gefürchtet hatte, sondern eine lebendige, nährende Präsenz. Diese Stille wurde zu meiner inneren Heimat, zu der ich jederzeit zurückkehren kann."

Die innere Stille hat verschiedene Dimensionen:

Die Stille des Geistes:

Wenn der ständige Gedankenlärm sich beruhigt, entdecken wir eine natürliche geistige Stille. Dies ist keine leere Abwesenheit von Gedanken, sondern ein wacher, klarer Bewusstseinszustand.

Elena, eine Meditationslehrerin, erklärt: „Viele Menschen denken, Meditation bedeutet, keine Gedanken zu haben. Aber es geht mehr darum, die Stille zwischen und hinter den Gedanken zu entdecken. Diese Stille ist wie der Bildschirm, auf dem die Gedankenfilme ablaufen. Sie ist immer da, auch wenn wir sie übersehen."

Die Stille des Herzens:

Tiefer als emotionale Aufgewühltheit gibt es eine Stille des Herzens - einen Zustand inneren

Friedens, der unabhängig von äußeren Umständen ist.

Michael fand dies in einer Lebenskrise: „Als meine Partnerin mich verließ, war ich emotional am Boden. Doch in der Meditation entdeckte ich einen Raum tiefer Stille in meinem Herzen. Diese Stille konnte sogar den Schmerz halten. Sie war wie eine liebevolle Umarmung für alle meine verletzten Gefühle."

Die Stille des Körpers:

Auch der Körper hat seine eigene Stille. Wenn wir präsent im Körper sind, können wir eine natürliche Ruhe und Gelassenheit entdecken.

Sarah beschreibt ihre Erfahrung: „Durch Yoga und Körperarbeit lernte ich eine körperliche Stille kennen. Es ist ein Zustand natürlicher Entspannung, in dem alle unnötige Spannung wegfällt. Aus dieser körperlichen Stille entsteht eine ganz neue Qualität von Bewegung und Handlung."

Diese verschiedenen Dimensionen der Stille sind nicht voneinander getrennt. Sie sind wie verschiedene Facetten eines Diamanten. Wenn wir eine Ebene der Stille berühren, öffnen sich oft auch die anderen.

Der innere Beobachter

Eine der tiefgreifendsten Entdeckungen auf dem Weg der Präsenz ist das Erwachen des inneren Beobachters - jener Dimension in uns, die all unsere Erfahrungen wahrnimmt, ohne mit ihnen identifiziert zu sein. Dieser Beobachter ist wie ein stiller Zeuge, der alles registriert, aber selbst unberührt bleibt.

Petra, eine Psychotherapeutin, beschreibt ihre Entdeckung: „In meiner eigenen Therapie machte ich eine lebensverändernde Erfahrung. Mitten in einem emotionalen Ausbruch wurde ich mir plötzlich einer Präsenz in mir bewusst, die alles beobachtete - die Gefühle, die Gedanken, die körperlichen Reaktionen. Diese Präsenz war vollkommen ruhig und klar, auch wenn der Rest von mir im Aufruhr war. Es war, als hätte ich einen inneren Anker gefunden, der immer da ist, egal was geschieht."

Diese Entdeckung hat weitreichende Implikationen:

Freiheit von Identifikation:

Wenn wir erkennen, dass wir der Beobachter unserer Erfahrungen sind und nicht die Erfahrungen selbst, entsteht eine neue Freiheit. Wir müssen nicht mehr jeder Emotion, jedem Gedanken folgen.

Marcus beschreibt seinen Durchbruch: „Früher war ich meine Wut - wenn sie kam, wurde ich komplett von ihr überwältigt. Heute kann ich wahrnehmen: ‚Ah, da ist Wut'. Ich sehe sie kommen und gehen wie ein Wetterphänomen. Diese Distanz gibt mir die Freiheit zu wählen, wie ich damit umgehe."

Innere Stabilität:

Der innere Beobachter bleibt stabil, auch wenn sich alles andere verändert. Er wird zu einem verlässlichen inneren Bezugspunkt inmitten aller Lebensstürme.

Lisa erlebt dies in ihrer fordernden Arbeit als Notärztin: „Der innere Beobachter ist wie ein ruhiges Auge im Sturm. Selbst in Extremsituationen gibt es diese stille, beobachtende Präsenz. Sie hilft mir, klar und handlungsfähig zu bleiben, auch wenn um mich herum Chaos herrscht."

Diese Dimension des Beobachtens ist keine distanzierte, kalte Position. Sie ist vielmehr ein Raum liebevoller Bewusstheit, aus dem heraus wir das Leben tiefer und voller erfahren können. Sie ermöglicht uns, ganz in Erfahrungen einzutauchen und gleichzeitig eine gewisse innere Freiheit zu bewahren.

Die Kunst des Nicht-Tuns

Inmitten unserer von Aktivität besessenen Welt gibt es eine subtile Kunst - die des Nicht-Tuns. Dies bedeutet nicht Passivität oder Faulheit, sondern eine Qualität von Präsenz, aus der heraus Handlung natürlich und mühelos entsteht, ohne das angestrengte „Machen" des Egos.

Richard, ein erfolgreicher Unternehmer, beschreibt seine überraschende Entdeckung: „Zwanzig Jahre lang war ich getrieben von der

Vorstellung, dass Erfolg harte Arbeit und ständiges Tun erfordert. Durch regelmäßige Meditation lernte ich eine andere Art des Handelns kennen. Wenn ich wirklich präsent bin, entsteht eine Art mühelose Aktivität. Die Arbeit geschieht von selbst, effizienter und kreativer als zuvor. Es ist paradox - je weniger ich ‚mache‘, desto mehr geschieht."

Dieses Nicht-Tun manifestiert sich auf verschiedenen Ebenen:

In der inneren Haltung:

Statt ständig etwas erreichen oder verändern zu wollen, entwickeln wir die Fähigkeit, einfach zu sein. Dies schafft einen Raum, in dem natürliche Transformation geschehen kann.

Maria, eine Therapeutin, erlebt dies in ihrer Arbeit: „Früher versuchte ich immer, meinen Klienten zu helfen, sie zu ‚reparieren‘. Heute verstehe ich: Meine wichtigste Aufgabe ist es, präsent zu sein und einen Raum zu halten, in dem Heilung von selbst geschehen kann. Oft sind die tiefsten Durchbrüche genau dann, wenn ich aufhöre zu ‚therapieren‘.“

Im Umgang mit Herausforderungen:
Anstatt gegen Probleme anzukämpfen, lernen wir, sie zunächst vollständig anzunehmen. Aus dieser Akzeptanz entsteht oft spontan die richtige Lösung.

Thomas beschreibt seine Erfahrung: „Ein schwieriges Projekt schien unlösbar. Je mehr ich mich anstrengte, desto verwirrender wurde alles. Erst als ich aufhörte zu kämpfen und die Situation einfach wahrnahm wie sie war, zeigte sich ein völlig neuer Weg. Die Lösung kam aus der Stille, nicht aus dem angestrengten Denken.“

Diese Kunst des Nicht-Tuns ist besonders relevant in einer Kultur, die Aktivität und Produktivität vergöttert. Sie erinnert uns daran, dass wahre

Effektivität nicht aus ständigem Tun entsteht, sondern aus einem Gleichgewicht von Aktivität und rezeptiver Präsenz.

Die Kraft der Aufmerksamkeit

Wohin wir unsere Aufmerksamkeit richten, dorthin fließt unsere Lebensenergie. Diese einfache, aber tiefgründige Wahrheit zeigt, wie wichtig der bewusste Umgang mit unserer Aufmerksamkeit ist. In der Präsenzpraxis lernen wir, unsere Aufmerksamkeit zu kultivieren und bewusst zu lenken.

Sophie, eine Kunsttherapeutin, beschreibt ihre Erkenntnis: „Ich bemerkte, dass meine Aufmerksamkeit oft wie ein scheues Wildpferd war - ständig auf der Flucht vor dem gegenwärtigen Moment, immer auf der Suche nach der nächsten Ablenkung. Durch regelmäßige Meditation lernte ich, meine Aufmerksamkeit sanft zu zähmen. Es war wie das behutsame Trainieren eines Muskels. Je mehr ich übte, desto natürlicher wurde es, im Moment zu verweilen."

Die Kultivierung der Aufmerksamkeit hat verschiedene Aspekte:

Fokussierte Aufmerksamkeit:

Wie ein Lichtstrahl kann unsere Aufmerksamkeit gezielt auf einen bestimmten Aspekt der Erfahrung gerichtet werden - den Atem, eine Körperempfindung, eine Tätigkeit. Dies schult unsere Konzentrationsfähigkeit und vertieft die Erfahrung des Moments.

Michael, ein Chirurg, nutzt dies in seiner Arbeit: „Im Operationssaal ist absolute Konzentration erforderlich. Die Präsenzpraxis hat meine Fähigkeit zur fokussierten Aufmerksamkeit enorm verstärkt. Ich kann stundenlang in einem Zustand klarer, ruhiger Konzentration arbeiten, ohne dabei angespannt zu sein."

Weite Aufmerksamkeit:

Wie ein weiter Raum kann unsere Aufmerksamkeit auch offen und empfänglich sein für alles, was im Bewusstseinsfeld auftaucht. Diese Qualität ermöglicht ein umfassenderes Gewahrsein der gegenwärtigen Erfahrung.

Anna beschreibt ihre Erfahrung: „Während eines Waldspaziergangs übe ich manchmal diese weite Aufmerksamkeit. Ich nehme gleichzeitig die Vogelstimmen wahr, das Rascheln der Blätter, die Sonnenstrahlen, die Bewegung meines Körpers - alles ist in einem Feld von lebendigem Gewahrsein eingebettet."

Diese beiden Qualitäten der Aufmerksamkeit - Fokus und Weite - sind wie die zwei Flügel eines

Vogels. Beide sind wichtig und ergänzen sich gegenseitig. In der Präsenzpraxis lernen wir, sie situationsgerecht einzusetzen und zwischen ihnen zu wechseln.

Die Kunst des präsenten Lebens

Die tiefste Herausforderung liegt nicht darin, Präsenz in besonderen Momenten oder während der Meditation zu erfahren, sondern sie vollständig in unser tägliches Leben zu integrieren. Jeder Moment - ob wir Kaffee kochen, im Stau stehen oder eine wichtige Präsentation halten - bietet eine Gelegenheit für bewusstes Sein.

Katharina, eine vielbeschäftigte Mutter von drei Kindern, beschreibt ihren Weg: „Anfangs dachte ich, ich bräuchte viel ungestörte Zeit für spirituelle Praxis. Die Realität meines Lebens ließ das aber nicht zu. Dann entdeckte ich, dass jeder Moment eine Einladung zur Präsenz ist. Während ich die Kinder zur Schule fahre, beim Wäsche zusammenlegen, sogar beim Streiten - alles kann mit Bewusstheit geschehen. Diese Erkenntnis veränderte mein gesamtes Verständnis von spiritueller Praxis."

Die Integration in den Alltag hat verschiedene Schlüsselaspekte:

Morgenroutinen entwickeln:

Die ersten Momente des Tages prägen oft seinen weiteren Verlauf. Eine bewusste Morgenroutine kann uns in der Präsenz verankern und den Ton für den Tag setzen.

Johannes, ein Unternehmensberater, beschreibt seine Routine: „Ich stehe eine halbe Stunde früher auf, um in Ruhe anzukommen. Zehn Minuten sitze ich in Stille, dann bewusste Körperübungen, schließlich eine Tasse Tee in voller Präsenz. Diese Zeit ist heilig für mich. Sie schafft einen inneren Raum, aus dem heraus ich dem Tag begegnen kann."

Diese erste Basis-Verankerung in der Präsenz hilft uns, auch durch turbulente Tage zentriert zu bleiben. Es ist wie das Stimmen eines Instruments vor dem Konzert - auch wenn während des Spielens viel geschieht, bleibt diese grundlegende Ausrichtung bestehen.

Übergänge bewusst gestalten

Unser Tag ist voller Übergänge - vom Zuhause ins Büro, von einer Aufgabe zur nächsten, von einem Gespräch zum anderen. Diese Übergänge sind natürliche Momente, in denen wir die Präsenz vertiefen können. Sie sind wie kleine Türen zwischen den verschiedenen Räumen unseres Tages.

Martin, ein Arzt in einer großen Klinik, entdeckte die Kraft dieser Momente: „Zwischen den Patientenbesuchen nahm ich mir bewusst drei Atemzüge Zeit. Diese kurze Pause wurde zu einem Reset-Knopf für meine Präsenz. Ich konnte den vorherigen Patienten loslassen und mich ganz dem nächsten zuwenden. Meine Arbeit wurde dadurch nicht langsamer, aber viel klarer und fokussierter."

Es gibt verschiedene Arten von Übergängen, die wir nutzen können:

Räumliche Übergänge:
   - Der Weg zur Arbeit
   - Das Betreten eines Gebäudes

- Das Überqueren einer Schwelle
- Der Weg von einem Meeting zum nächsten
- Die Heimfahrt

Sandra, eine Lehrerin, nutzt diese Momente bewusst: „Der Schulweg wurde zu meiner täglichen Präsenzpraxis. Statt schon mental den Unterricht durchzugehen, bleibe ich bei meinen Schritten, meinem Atem, den Geräuschen und Bildern um mich herum. Wenn ich dann das Klassenzimmer betrete, bin ich wirklich angekommen."

Zeitliche Übergänge:
- Der Moment des Aufwachens
- Die Pause zwischen zwei Aufgaben
- Die Mittagspause
- Der Übergang vom Tag in den Abend
- Die Zeit vor dem Schlafengehen

Thomas beschreibt seine Abendpraxis: „Nach der Arbeit nehme ich mir bewusst fünf Minuten, um den Tag loszulassen. Ich sitze einfach still, spüre meinen Körper und lasse alle Ereignisse des Tages ziehen. Diese kurze Übergangszeit hilft mir, wirklich zuhause anzukommen - nicht nur körperlich, sondern auch mental und emotional."

Die Kunst liegt darin, diese natürlichen Pausen nicht als „verlorene Zeit" zu sehen, sondern als wertvolle Momente der Neuausrichtung. Sie sind wie das Einatmen zwischen zwei Sätzen - sie geben dem Leben seinen natürlichen Rhythmus.

Präsenzinseln schaffen

In unserem geschäftigen Alltag brauchen wir regelmäßige Momente des bewussten Innehaltens - kleine „Präsenzinseln" im Strom der Aktivitäten. Diese kurzen Pausen sind wie Atemzüge für unsere Seele, die uns helfen, den Kontakt mit dem gegenwärtigen Moment zu erneuern.

Clara, eine Projektmanagerin, fand ihren eigenen Weg: „Ich programmierte mein Handy so, dass es jede Stunde einmal dezent vibriert. Dieses Signal wurde zu meiner Einladung, kurz innezuhalten - drei bewusste Atemzüge, den Körper spüren, wahrnehmen was ist. Diese Mini-Meditationen, manchmal nur 30 Sekunden lang, veränderten die Qualität meines ganzen Arbeitstages. Sie wurden zu meinen Ankern in der Präsenz."

Solche Präsenzinseln können wir auf verschiedene Weise in unseren Tag einbauen:

Natürliche Pausen nutzen:

Michael, ein Softwareentwickler, entdeckte ungenutzte Momente: „Statt beim Warten auf den Aufzug sofort zum Handy zu greifen, nutze ich diese Zeit für bewusstes Atmen. Wenn der Computer hochfährt, spüre ich bewusst meinen

Körper. An roten Ampeln praktiziere ich kurze Achtsamkeit. Diese Momente waren immer da, ich musste sie nur als Gelegenheiten erkennen."

Bewusste Pausen einlegen:

Sarah beschreibt ihre Strategie: „Zwischen zwei Meetings nehme ich mir bewusst eine Minute Zeit. Ich gehe ans Fenster, schaue in den Himmel, atme bewusst. Diese kurze Unterbrechung des Autopiloten hilft mir, zentriert zu bleiben. Es ist wie ein Reset-Knopf für meine Präsenz."

Die Herausforderung liegt nicht darin, lange Zeiten für Meditation zu finden, sondern diese kleinen Momente bewusst zu nutzen. Jede noch so kurze Pause kann eine Gelegenheit sein, zur Präsenz zurückzukehren. Diese „Mikro-Praktiken" haben einen kumulativen Effekt - sie bauen über den Tag verteilt eine grundlegende Qualität von Bewusstheit auf.

Leben in der Stille

In einer Welt, die von ständiger Beschleunigung, endloser Aktivität und permanenter Erreichbarkeit geprägt ist, wird die Kunst des stillen Lebens zu einem revolutionären Akt. Es ist eine bewusste Entscheidung, aus dem Hamsterrad der ständigen Stimulation auszusteigen und einen anderen Rhythmus zu finden - einen Rhythmus, der mehr im Einklang mit unserer inneren Natur ist.

Marie, eine ehemalige Managerin, beschreibt ihre Transformation: „Mein Leben war ein einziger Rush - von Meeting zu Meeting, ständig online, permanent erreichbar. Ich funktionierte, aber innerlich war ich ausgehöhlt. Ein Burnout zwang mich zur Pause. In dieser erzwungenen Stille entdeckte ich etwas Überraschendes: eine tiefe

Freude, die nichts mit äußerer Stimulation zu tun hatte. Je stiller mein Leben wurde, desto reicher wurde es innerlich."

Die Qualitäten eines stillen Lebens zeigen sich auf verschiedenen Ebenen:

Natürlicher Rhythmus:
Wenn wir aus der künstlichen Beschleunigung aussteigen, finden wir zu einem natürlicheren Lebensrhythmus zurück. Dieser orientiert sich mehr an inneren Bedürfnissen als an äußeren Anforderungen.

Thomas beschreibt seine Erfahrung: „Ich lebe jetzt viel mehr im Einklang mit den natürlichen Rhythmen - aufstehen mit der Sonne, essen wenn ich hungrig bin, ruhen wenn ich müde bin. Es klingt so einfach, aber es hat mein Leben grundlegend verändert. Ich fühle mich lebendiger und gleichzeitig entspannter."

Die Freude der Einfachheit:

Ein stilles Leben führt oft zu einer natürlichen Vereinfachung. Wir brauchen weniger äußere Stimulation, weniger Konsum, weniger Ablenkung. In dieser Reduktion entdecken wir eine neue Qualität von Zufriedenheit.

Anna erzählt: „Je mehr ich mich der Stille öffnete, desto mehr fielen überflüssige Aktivitäten und Besitztümer weg. Nicht durch Zwang, sondern ganz natürlich. Ich entdeckte, dass wahre Freude nicht aus ,mehr' kommt, sondern aus der Fähigkeit, den gegenwärtigen Moment tief zu erfahren. Ein Sonnenstrahl, eine Tasse Tee, ein freundliches Lächeln - alles wurde bedeutungsvoller."

Tiefere Verbindungen:

Ohne den ständigen Lärm und die Ablenkung entstehen tiefere Verbindungen - zu uns selbst, zu anderen, zur Natur.

Michael beschreibt seinen Weg: „Als ich aufhörte, jede freie Minute mit dem Smartphone zu
füllen, öffnete sich ein neuer Raum in meinen
Beziehungen. Ich höre jetzt wirklich zu, wenn
jemand spricht. Ich nehme die subtilen Nuancen
in Gesprächen wahr. Die Qualität meiner Beziehungen hat sich völlig verändert."

Die Freude der Langsamkeit

In einem stillen Leben entdecken wir die verges-
sene Qualität der Langsamkeit wieder. Nicht als
Gegensatz zu Schnelligkeit, sondern als eine
eigene Qualität des Seins, die ihre ganz besondere
Freude und Tiefe hat.

Sarah, eine Künstlerin, beschreibt ihre Entdeckung: „Als ich anfing, bewusst langsamer zu leben, erlebte ich zunächst Widerstände. Die innere Stimme drängte: ‚Schneller, mehr, effizienter!' Aber je mehr ich mich der Langsamkeit hingab, desto mehr entdeckte ich eine neue Art von Freude. Es war, als würde sich eine neue Dimension des Erlebens öffnen. Jeder Moment wurde reicher, voller, bedeutungsvoller."

Die Freude der Langsamkeit zeigt sich in verschiedenen Bereichen:

In alltäglichen Handlungen:
Gewöhnliche Tätigkeiten werden zu kleinen Meditationen, wenn wir sie langsam und bewusst ausführen. Das Schneiden von Gemüse, das Falten von Wäsche, das Gießen der Pflanzen - alles wird zu einem kleinen Ritual.

Johannes beschreibt seine Erfahrung: „Früher habe ich morgens meinen Kaffee hastig runtergestürzt. Heute ist die Zubereitung ein bewusstes Ritual. Das Mahlen der Bohnen, das Aufgießen des Wassers, der aufsteigende Duft - jeder Schritt wird zu einem Moment der Präsenz. Der Kaffee schmeckt nicht nur besser, die ganze Erfahrung nährt mich auf einer tieferen Ebene."

In der Natur:

Die Natur hat ihren eigenen Rhythmus, der uns lehrt, wieder langsamer zu werden. Ein Baum wächst in seiner eigenen Zeit, die Jahreszeiten folgen ihrem eigenen Takt.

Maria teilt ihre Erkenntnis: „Ich gehe jetzt oft sehr langsam durch den Wald. Nicht um irgendwo anzukommen, sondern um wirklich da zu sein. Ich entdecke Dinge, die ich früher nie gesehen habe - die Muster der Baumrinde, das Spiel des Lichts in den Blättern, die kleinen Lebewesen am Boden. Die Natur offenbart ihre Geheimnisse nur dem geduldigen Beobachter."

In Beziehungen:

Wenn wir uns Zeit nehmen für Begegnungen, entsteht eine neue Qualität von Verbindung. Gespräche werden tiefer, Beziehungen authentischer.

Thomas erzählt von seiner Erfahrung: „Ich habe gelernt, Menschen nicht mehr zu unterbrechen oder schnell mit Lösungen aufzuwarten. Stattdessen höre ich wirklich zu, lasse Pausen zu, gebe Raum für das, was entstehen will. Die Gespräche sind jetzt wie kleine Abenteuer - man weiß nie, welche Tiefe sich öffnet, wenn man nicht in Eile ist."

Diese Langsamkeit ist keine Trägheit, sondern eine bewusste Art zu leben. Sie ermöglicht uns, jeden Moment vollständiger zu erfahren und tiefer im Leben verwurzelt zu sein. In der Langsamkeit entdecken wir eine Freude, die nicht aus Stimulation oder Aufregung kommt, sondern aus der Fülle des einfachen Seins.

Die Freude der Genügsamkeit

In der Stille entdecken wir eine tiefe Wahrheit: Wir brauchen viel weniger, als wir denken, um wahrhaft glücklich zu sein. Die ständige Jagd nach mehr - mehr Besitz, mehr Erlebnisse, mehr Stimulation - weicht einer tiefen Zufriedenheit mit dem, was ist.

Elisabeth, die früher in der Werbebranche arbeitete, beschreibt ihre Transformation: „Mein Leben war geprägt von ständigem Konsum. Neue Kleider, das neueste Smartphone, exotische Reisen - ich war süchtig nach dem Kick des Neuen. Die Stille lehrte mich eine andere Art von Reichtum. Ich entdeckte, dass wahre Erfüllung nicht aus dem Haben kommt, sondern aus der

Fähigkeit, das zu würdigen, was bereits da ist. Heute lebe ich mit viel weniger Dingen, aber mein Leben fühlt sich unendlich reicher an."

Diese Genügsamkeit zeigt sich auf verschiedenen Ebenen:

Im materiellen Bereich:

Wenn wir aus der Konsumspirale aussteigen, entdecken wir die Freiheit der Einfachheit. Weniger Besitz bedeutet weniger Sorgen, mehr Klarheit, mehr Raum zum Sein.

Michael teilt seine Erfahrung: „Ich begann systematisch auszumisten - nicht aus einem Zwang heraus, sondern aus dem Gefühl, dass viele Dinge einfach überflüssig waren. Mit jedem Gegenstand, den ich losließ, fühlte ich mich leichter. Heute besitze ich vielleicht ein Drittel von dem, was ich früher hatte, aber ich vermisse nichts. Im Gegenteil - ich schätze die wenigen, sorgfältig ausgewählten Dinge viel mehr."

In den täglichen Gewohnheiten:

Die Einfachheit zeigt sich auch in unseren täglichen Routinen. Statt ständig nach neuen Erlebnissen zu suchen, finden wir Freude in den kleinen Momenten des Alltags.

Anna beschreibt ihren Wandel: „Früher brauchte ich immer Action - Restaurants, Kino, Shopping. Heute kann ich stundenlang im Garten sein, die Pflanzen beobachten, die Erde spüren. Oder einfach am Fenster sitzen und den Wolken zusehen. Diese scheinbar ‚langweiligen' Momente sind erfüllt von einer tiefen, stillen Freude."

In Beziehungen:

Auch unsere sozialen Kontakte werden authentischer und erfüllender. Statt vieler oberflächlicher Verbindungen entstehen wenige, aber tiefe Beziehungen.

Thomas erzählt: „Ich habe aufgehört, mein soziales Netzwerk ständig erweitern zu müssen. Stattdessen pflege ich die wenigen wahren Freundschaften, die ich habe. Diese Beziehungen sind wie Brunnen - je tiefer man gräbt, desto mehr Wasser findet man."

Diese Genügsamkeit ist keine Entbehrung, sondern eine Befreiung. Sie öffnet uns für eine Qualität von Glück, die nicht von äußeren Umständen abhängt. Es ist die Freude des einfachen Seins, die immer verfügbar ist, wenn wir lernen, den Moment in seiner Fülle wahrzunehmen.

Ich fahre fort mit einem weiteren wesentlichen Aspekt des stillen Lebens:

Die Freude der Verbundenheit

Paradoxerweise führt ein Leben in der Stille nicht zur Isolation, sondern zu einer tieferen Form der Verbundenheit. Wenn der ständige Lärm und die Ablenkung nachlassen, öffnen wir uns für subtilere Formen der Verbindung - mit uns selbst, mit anderen, mit der Natur und dem größeren Ganzen.

Clara, eine ehemalige Managerin, beschreibt ihre Erfahrung: „In meinem hektischen Berufsleben war ich ständig von Menschen umgeben, fühlte mich aber oft einsam. Als ich begann, ein stilleres Leben zu führen, hatte ich zunächst Angst vor Einsamkeit. Doch das Gegenteil geschah. In der Stille entdeckte ich eine neue Art von Verbundenheit. Ich konnte plötzlich die feinen Zwischentöne in Gesprächen wahrnehmen, spürte eine tiefere Verbindung zur Natur und fand zum ersten Mal wirklichen Kontakt zu mir selbst."

Diese tiefere Verbundenheit zeigt sich auf verschiedenen Ebenen:

Verbindung mit sich selbst:

In der Stille lernen wir, uns selbst wieder zu begegnen. Wir hören die leise Stimme unserer Intuition, spüren unsere wahren Bedürfnisse und entdecken verborgene Aspekte unseres Wesens.

Marcus teilt seine Entdeckung: „Jahrelang war ich so beschäftigt damit, den Erwartungen anderer zu entsprechen, dass ich den Kontakt zu mir selbst verloren hatte. Die Stille wurde zu einem Spiegel, in dem ich mich wieder erkennen konnte. Ich lernte, meiner inneren Stimme zu vertrauen und authentischer zu leben."

Verbindung mit der Natur:

Ein stilles Leben öffnet uns für die subtilen Rhythmen und Botschaften der natürlichen Welt. Wir beginnen, uns wieder als Teil des größeren Lebensgewebes zu erfahren.

Sarah beschreibt ihr Erwachen: „Ich fing an, jeden Morgen eine Stunde im Garten zu verbringen. Nicht um etwas zu tun, sondern einfach um da zu sein. Allmählich begann ich, die feinen Veränderungen in den Pflanzen wahrzunehmen, die verschiedenen Vogelstimmen zu unterscheiden, den Rhythmus der Jahreszeiten tiefer zu spüren. Diese Verbindung zur Natur wurde zu einer Quelle tiefer Freude und Heilung."

Diese Art der Verbundenheit ist nicht sentimental oder oberflächlich. Sie ist eine direkte Erfahrung unserer fundamentalen Nicht-Getrenntheit von allem Leben. Diese Erkenntnis führt zu einer natürlichen Achtsamkeit und einem tieferen Gefühl der Verantwortung für das Ganze.

Die Freude der inneren Freiheit

In der Stille entdecken wir eine Form von Freiheit, die tiefer geht als äußere Unabhängigkeit. Es ist die Freiheit von den inneren Zwängen, Mustern und Konditionierungen, die unser Leben oft unbewusst steuern.

David, ein ehemaliger Workaholic, beschreibt seine Befreiung: „Mein Leben war bestimmt von inneren Antreibern - dem Drang nach Anerkennung, der Angst zu versagen, dem Zwang, immer produktiv sein zu müssen. In der Stille begann ich zu erkennen, wie sehr diese inneren Stimmen mich gefangen hielten. Je mehr ich lernte, in der Präsenz zu ruhen, desto mehr lösten sich diese alten Muster. Heute erlebe ich eine Freiheit, die ich mir früher nicht vorstellen konnte - die Freiheit, einfach zu sein."

Diese innere Freiheit manifestiert sich auf verschiedenen Ebenen:

Freiheit von der Zeit:

Wenn wir aus dem chronischen Zeitstress aussteigen, entdecken wir eine zeitlose Dimension des Seins. Wir lernen, im natürlichen Fluss des Lebens zu sein, statt ständig gegen die Zeit zu kämpfen.

Maria teilt ihre Erfahrung: „Ich habe aufgehört, ständig auf die Uhr zu schauen. Natürlich respektiere ich noch Termine, aber mein inneres Erleben ist nicht mehr von der Zeit getrieben. Es gibt eine Qualität von Zeitlosigkeit in der Präsenz, die sehr befreiend ist. Paradoxerweise macht mich das sogar effizienter, weil ich nicht mehr in ständiger Eile und Anspannung bin."

Freiheit von Meinungen:

In der Stille löst sich unsere Abhängigkeit von den Meinungen anderer. Wir finden zu einer natürlichen Authentizität, die nicht mehr ständig nach Bestätigung sucht.

Thomas beschreibt seinen Weg: „Früher war ich ständig damit beschäftigt, was andere von mir denken könnten. Diese innere Zensur war erschöpfend. In der Stille fand ich zu meiner eigenen Wahrheit. Ich musste nicht mehr gefallen oder beeindrucken. Diese Freiheit veränderte alle meine Beziehungen - sie wurden echter, tiefer, lebendiger.“

Diese innere Freiheit ist keine Gleichgültigkeit gegenüber der Welt. Im Gegenteil - sie ermöglicht uns ein tieferes, authentischeres Engagement mit dem Leben. Wir handeln nicht mehr aus Zwang oder Angst, sondern aus einer Quelle innerer Klarheit und Weisheit.

Handeln aus der Stille

Eine der tiefsten Erkenntnisse auf dem Weg der Präsenz ist, dass wahres Handeln aus der Stille entsteht. Dies ist ein fundamental anderer Ansatz als das gewohnte „Machen" aus dem rastlosen Geist heraus. Wenn wir lernen, aus der Stille zu handeln, entsteht eine neue Qualität von Effektivität und Kreativität.

Robert, ein Architekt, beschreibt seine Transformation: „Früher war mein Arbeitsprozess von ständigem Druck und mentaler Anstrengung geprägt. Ich versuchte, Kreativität zu erzwingen. Durch meine Präsenzpraxis entdeckte ich einen anderen Weg. Ich lernte, zuerst in die Stille zu gehen, den Raum wirklich wahrzunehmen, auf die subtilen Impulse zu hören. Die besten Entwürfe entstehen jetzt wie von selbst aus dieser lauschenden Präsenz heraus. Sie sind organischer, harmonischer und praktischer zugleich."

Diese Art des Handelns hat besondere Qualitäten:

Mühelose Effektivität:
Statt gegen den Strom zu kämpfen, lernen wir, mit ihm zu fließen. Handlungen entstehen natürlich und mühelos aus dem gegenwärtigen Moment.

Marina, eine Therapeutin, erlebt dies in ihrer Praxis: „In der Stille entwickelte ich eine neue Art des Zuhörens. Ich muss nicht mehr angestrengt nach der richtigen Intervention suchen. Wenn ich wirklich präsent bin, kommen die passenden Worte oder Handlungen von selbst. Es ist, als würde die Situation selbst die Weisheit hervorbringen."

Das Handeln aus der Stille ist keine Passivität - im Gegenteil. Es ist ein hochgradig wacher und responsiver Zustand, aus dem heraus wir präziser und effektiver auf die Anforderungen des Moments reagieren können. Es ist die Kunst, das Notwendige zu tun, ohne dabei in die Falle des geschäftigen „Machens" zu tappen.

Kreativität aus der Stille

Die tiefste Quelle echter Kreativität liegt in der Stille. Wenn der mentale Lärm sich legt und wir aufhören zu „versuchen", kreativ zu sein, öffnet sich ein Raum, aus dem neue Ideen und Inspirationen natürlich aufsteigen können.

Sophie, eine Künstlerin, beschreibt ihre Entdeckung: „Früher versuchte ich, Kreativität zu erzwingen. Ich hatte gelernt, dass man hart arbeiten muss, um kreativ zu sein. Doch je mehr ich es versuchte, desto blockierter fühlte ich mich. Die Wende kam, als ich begann, regelmäßig in die Stille zu gehen. Ich lernte, einfach zu sitzen und zu lauschen. Zu meiner Überraschung begannen Bilder und Ideen von selbst aufzutauchen - frischer, origineller und lebendiger als alles, was ich durch Anstrengung erzeugen konnte."

Der kreative Prozess aus der Stille hat verschiedene Phasen:

Das Leeren:

Zuerst müssen wir lernen loszulassen - unsere vorgefassten Ideen, unsere Erwartungen, unseren Drang nach Resultaten. Dies schafft den Raum, in dem Neues entstehen kann.

Marcus, ein Komponist, beschreibt seinen Prozess: „Bevor ich zu komponieren beginne, sitze ich einfach in Stille. Ich lasse alle musikalischen Ideen los, alle Vorstellungen davon, was entstehen soll. Ich warte, bis ich innerlich wirklich leer bin. Aus dieser Leere heraus beginnen dann die ersten Melodien aufzutauchen - oft ganz anders als alles, was ich mir hätte ausdenken können."

Das Empfangen:

In der Stille entwickeln wir eine rezeptive Qualität. Statt Kreativität als etwas zu sehen, das wir „machen", lernen wir sie als etwas zu erfahren, das durch uns fließt.

Anna erlebt dies beim Schreiben: „Meine besten Texte entstehen, wenn ich aufhöre zu ‚schreiben' und stattdessen anfange zu lauschen. Es ist, als würde ich zum Kanal für etwas, das durch mich fließen will. Ich muss nur präsent bleiben und die

Worte aufschreiben, die kommen. Die Geschichten erzählen sich dann praktisch von selbst."

Diese Art der Kreativität hat eine besondere Qualität - sie ist frischer, ursprünglicher und oft überraschender als das, was wir durch mentale Anstrengung produzieren können. Sie entspringt einer tieferen Quelle als unserem persönlichen Denken.

Weisheit aus der Stille

In der Tiefe der Stille finden wir Zugang zu einer anderen Art von Wissen - einer Weisheit, die nicht aus Büchern oder logischem Denken stammt, sondern aus direkter Erfahrung und innerer Klarheit entspringt. Diese Weisheit ist intuitiv, ganzheitlich und oft überraschend praktisch.

Elisabeth, eine Richterin, beschreibt ihre Erfahrung: „In komplexen Fällen habe ich gelernt, nach all der Analyse der Fakten und Gesetze einen Moment der Stille einzulegen. In dieser Stille kann sich eine tiefere Klarheit zeigen. Oft taucht dann eine Perspektive auf, die alle relevanten Aspekte auf eine neue Weise integriert. Diese Einsichten sind meist weiser und ausgewogener als rein rationale Schlussfolgerungen."

Diese Weisheit manifestiert sich auf verschiedenen Ebenen:

Situative Weisheit:

In der Stille entwickeln wir die Fähigkeit, jede Situation frisch und unvoreingenommen wahrzunehmen. Statt auf automatische Reaktionen oder vorschnelle Urteile zurückzugreifen, können wir die einzigartige Wahrheit des Moments erkennen.

Michael, ein Mediator, teilt seine Erkenntnis: „Ich habe aufgehört, sofort Lösungen anzubieten. Stattdessen schaffe ich einen Raum der Stille, in dem alle Beteiligten tiefer hören und sehen können. Oft zeigt sich dann ein Weg, den niemand vorher gesehen hat. Die Weisheit liegt nicht in meinen Antworten, sondern in der gemeinsamen Stille."

Körperweisheit:

Die Stille ermöglicht uns auch, die tiefe Weisheit unseres Körpers wahrzunehmen. Der Körper weiß oft intuitiv, was richtig und stimmig ist, lange bevor der Verstand es erfasst.

Sarah beschreibt ihre Entdeckung: „Bei wichtigen Entscheidungen gehe ich jetzt zuerst in die Stille und spüre in meinen Körper hinein. Es gibt da eine Art körperliches Wissen - manchmal als subtiles Ja oder Nein, manchmal als Gefühl von Weite oder Enge. Diese körperliche Weisheit hat mich noch nie in die Irre geführt."

Diese Art von Weisheit ist nicht mysteriös oder unzugänglich. Sie ist eine natürliche Fähigkeit, die sich entfaltet, wenn wir lernen, still zu werden und tiefer zu lauschen. Sie ergänzt unser rationales Denken und führt zu ausgewogeneren, lebensdienlicheren Entscheidungen und Handlungen.

Liebe aus der Stille

Die tiefste Form der Liebe entspringt nicht emotionaler Aufgewühltheit oder romantischen Vorstellungen, sondern aus der Stille des Herzens. Es ist eine Liebe, die nicht an Bedingungen geknüpft ist, die nicht fordert oder erwartet, sondern einfach ist - klar, offen und präsent.

Clara, eine Paartherapeutin, beschreibt ihre Erkenntnis: „In meiner Arbeit mit Paaren sehe ich oft, wie sehr unsere gewöhnliche Vorstellung von Liebe von Erwartungen, Bedürftigkeit und Angst geprägt ist. Durch meine eigene Präsenzpraxis entdeckte ich eine andere Qualität von Liebe. Sie ist wie ein stiller See, der alles spiegelt ohne sich zu verändern. Diese Liebe braucht den anderen nicht zu verändern oder festzuhalten. Sie ist einfach da, bedingungslos und frei."

Diese Liebe aus der Stille hat besondere Eigenschaften:

Sie ist bedingungslos:

Anders als die gewöhnliche Liebe, die oft an Erwartungen und Bedürfnisse geknüpft ist, entspringt diese Liebe aus der Fülle des eigenen Seins. Sie braucht nichts vom anderen, um vollständig zu sein.

Thomas beschreibt seine Transformation: „Früher war meine Liebe immer mit Angst vermischt - Angst vor Verlust, vor Zurückweisung, davor nicht genug zu sein. In der Stille entdeckte ich eine Liebe, die unabhängig von diesen Ängsten existiert. Sie ist wie die Sonne, die einfach scheint, ohne zu fragen ob es verdient ist oder erwidert wird."

Sie ist präsent:

Diese Liebe ist immer frisch, immer neu. Sie sieht den anderen wirklich, statt ihn durch den Filter von Projektionen und Vergangenheit wahrzunehmen.

Maria teilt ihre Erfahrung: „Ich lerne jeden Tag meinen Partner neu kennen. Wenn ich wirklich präsent bin, fallen alle Vorurteile und alten Geschichten weg. Ich sehe ihn dann mit neuen Augen, als das Wunder das er ist. Diese Frische hält unsere Beziehung lebendig."

Diese Qualität der Liebe ist keine sentimentale Idee, sondern eine direkte Erfahrung, die aus der Stille geboren wird. Sie transformiert nicht nur unsere intimen Beziehungen, sondern unsere gesamte Art, mit der Welt in Beziehung zu sein.

Sein als Ausdruck der Stille

Am tiefsten Punkt unserer Reise erkennen wir, dass Stille nicht nur ein Zustand oder eine Praxis ist, sondern unsere wahre Natur. Das Leben selbst ist ein Ausdruck dieser fundamentalen Stille, wie Wellen, die aus dem stillen Ozean entstehen und wieder in ihn zurückkehren.

Eva, eine langjährige Meditationslehrerin, beschreibt diese Erkenntnis: „Nach Jahren der Suche wurde mir klar, dass ich nicht zur Stille finden musste - ich war bereits Stille. Alle Aktivitäten, Gedanken und Erfahrungen entstehen aus dieser Stille und lösen sich wieder in ihr auf. Diese Erkenntnis veränderte alles. Das Leben wurde zu einem mühelosen Tanz, in dem Stille und Bewegung nicht mehr getrennt sind."

Diese fundamentale Erkenntnis zeigt sich in verschiedenen Dimensionen:

Die Stille im Alltag:

Wenn wir diese tiefere Dimension erkennen, wird jede Aktivität zu einem Ausdruck der Stille. Ob wir arbeiten, sprechen, oder uns bewegen - alles geschieht aus dem Grund der Stille heraus.

Michael, ein Geschäftsmann, beschreibt seine Erfahrung: „Früher sah ich Meditation und Geschäftsleben als Gegensätze. Heute erkenne ich, dass jede Handlung aus der Stille entstehen kann. Selbst in hektischen Meetings gibt es diese Dimension der Stille. Sie ist wie der Raum, in dem alle Aktivität stattfindet. Diese Erkenntnis macht mich effektiver und gleichzeitig entspannter."

Die Stille in Beziehungen:

Auch unsere Beziehungen transformieren sich durch diese Erkenntnis. Statt zwei getrennten Wesen, die versuchen sich zu verbinden, erfahren wir eine fundamentale Verbundenheit, die aus der gemeinsamen Quelle der Stille entspringt.

Anna teilt ihre Einsicht: „In tiefen Momenten der Begegnung löst sich die scheinbare Trennung auf. Es gibt nur noch Präsenz, die sich selbst durch zwei scheinbar getrennte Formen ausdrückt. Diese Erfahrung von Einheit in der Verschiedenheit ist das größte Geschenk der Stille."

Dies ist keine philosophische Theorie, sondern eine lebendige Realität, die wir direkt erfahren können. Wenn wir tief genug in die Stille eintauchen, entdecken wir, dass wir nicht getrennt von ihr sind. Wir sind die Stille, die sich als Leben ausdrückt.

Präsenzinseln schaffen

In unserem geschäftigen Alltag brauchen wir regelmäßige Momente des bewussten Innehaltens - kleine „Präsenzinseln", die uns helfen, immer wieder zur Stille zurückzufinden. Diese Inseln sind wie Ankerpunkte der Bewusstheit in unserem Tag.

David, ein Notarzt, beschreibt seine Strategie: „In meinem hektischen Beruf schien es zunächst unmöglich, Momente der Stille zu finden. Dann begann ich, die natürlichen Pausen anders zu nutzen - die dreißig Sekunden beim Händewaschen, die Minute im Aufzug, die kurze Zeit zwischen zwei Patienten. Diese Mini-Meditationen wurden zu meinen Präsenzinseln. Sie helfen mir, auch in stressigen Situationen klar und mitfühlend zu bleiben."

Es gibt verschiedene Möglichkeiten, solche Präsenzinseln zu schaffen:

Natürliche Pausen nutzen:

Unser Tag ist voller kleiner Pausen, die wir meist mit dem Smartphone füllen oder mental schon bei der nächsten Aufgabe sind. Diese Momente können bewusst für Präsenz genutzt werden.

Sarah teilt ihre Erfahrung: „Ich habe aufgehört, bei jeder Gelegenheit zum Handy zu greifen. Stattdessen nutze ich Wartezeiten - an der Supermarktkasse, an roten Ampeln, beim Aufzug - für kurze Momente der Präsenz. Ich spüre meinen Atem, nehme meine Umgebung wahr, lasse meinen Geist zur Ruhe kommen. Diese kleinen Inseln der Stille machen einen erstaunlichen Unterschied in meinem Tag."

Bewusste Pausen einlegen:
Neben den natürlichen Pausen können wir auch bewusst kurze Präsenzpausen in unseren Tag einbauen. Dies können regelmäßige „Check-ins" sein oder spontane Momente des Innehaltens.

Thomas, ein Manager, beschreibt seine Praxis: „Ich habe auf meinem Computer einen Timer installiert, der mich jede Stunde sanft erinnert. Dann nehme ich mir eine Minute Zeit - weg vom Bildschirm, drei bewusste Atemzüge, Körper spüren, innerlich zur Ruhe kommen. Diese regelmäßigen Präsenzinseln halten mich den ganzen Tag über zentriert."

Mit Herausforderungen umgehen

Die wahre Prüfung für unsere Präsenz kommt in schwierigen Situationen. Gerade wenn wir unter Druck stehen oder mit unerwarteten Herausforderungen konfrontiert werden, zeigt sich, wie tief unsere Verankerung in der Stille wirklich ist.

Marie, eine Führungskraft, beschreibt ihre Transformation: „In Krisensituationen reagierte ich früher automatisch mit Anspannung und Kontrolle. Durch die regelmäßige Präsenzpraxis entwickelte ich eine andere Herangehensweise. Ich lernte, gerade in schwierigen Momenten innezuhalten und zuerst in die Stille zu gehen. Aus dieser Stille heraus entstehen oft Lösungen, die ich unter Stress nie gesehen hätte."

Der Umgang mit Herausforderungen aus der Präsenz hat verschiedene Aspekte:

Das erste Innehalten:

Der entscheidende Moment ist oft der erste Impuls, wenn eine Schwierigkeit auftaucht. Statt sofort in Reaktion zu gehen, können wir lernen, bewusst innezuhalten.

Michael beschreibt seinen Prozess: „Wenn ein Problem auftaucht, nehme ich mir bewusst drei Atemzüge Zeit. In dieser kurzen Pause kann ich spüren, was in mir passiert - die aufsteigende Angst, den Drang sofort zu handeln, die mentalen Geschichten die sich entwickeln wollen. Dieses bewusste Innehalten verhindert oft, dass ich in alte Reaktionsmuster falle."

Aus der Stille antworten:

Nach dem Innehalten können wir aus einem tieferen Ort der Klarheit heraus auf die Situation

antworten. Dies führt oft zu weiseren und effekti-
veren Lösungen.

Sarah teilt ihre Erfahrung: „In einem besonders
herausfordernden Projekt lernte ich, immer
wieder in die Stille zurückzukehren. Statt mich
von der Komplexität überwältigen zu lassen,
nahm ich mir regelmäßig Zeit, innerlich einen
Schritt zurückzutreten. Aus dieser Präsenz heraus
konnte ich die Situation klarer sehen und kreati-
vere Lösungen finden."

Diese Art des Umgangs mit Herausforderungen
erfordert Übung und Geduld. Doch je mehr wir
sie praktizieren, desto natürlicher wird sie. Die
Stille wird zu unserem inneren Kompass, der uns
auch durch stürmische Zeiten führt.

Die Kunst des präsenten Lebens

Letztendlich geht es darum, Präsenz nicht als separate Praxis zu sehen, sondern als eine natürliche Art zu leben. Es ist die Kunst, jeden Moment - ob angenehm oder schwierig, ob alltäglich oder außergewöhnlich - mit voller Bewusstheit zu begegnen.

Clara, eine langjährige Meditationslehrerin, beschreibt diese Integration: „Der wahre Test unserer Präsenzpraxis zeigt sich nicht auf dem Meditationskissen, sondern in der Art, wie wir unser tägliches Leben führen. Können wir beim Geschirrspülen genauso präsent sein wie in der Meditation? Können wir in einem schwierigen Gespräch die gleiche Offenheit und Klarheit bewahren wie in der Stille? Das ist die eigentliche

Herausforderung und zugleich das größte Geschenk der Praxis."

Diese vollständige Integration hat verschiedene Dimensionen:

Die Aufhebung der Trennung:
Wir beginnen zu erkennen, dass es keinen Unterschied zwischen „spiritueller Praxis" und „normalem Leben" gibt. Jeder Moment wird zur Gelegenheit für Präsenz.

Thomas beschreibt seine Erkenntnis: „Früher trennte ich strikt zwischen Meditation und Alltag. Dann begann ich zu verstehen, dass jede Aktivität eine Meditation sein kann. Ob ich E-Mails schreibe, mit meinen Kindern spiele oder im Stau stehe - alles kann mit der gleichen Qualität von Präsenz erfüllt sein."

Die natürliche Mühelosigkeit:

Je tiefer die Integration, desto müheloser wird die Präsenz. Sie wird zu unserer natürlichen Art zu sein, statt etwas, das wir ständig üben müssen.

Maria teilt ihre Erfahrung: „Nach Jahren der Praxis merke ich, wie Präsenz immer mehr zu meiner Grundnatur wird. Ich muss mich nicht mehr daran erinnern, präsent zu sein - es geschieht von selbst. Das Leben fließt natürlicher, auch wenn es nicht immer einfach ist."

Diese Integration führt zu einer fundamentalen Transformation unserer Lebenserfahrung. Das Leben wird reicher, tiefer und erfüllter, nicht weil sich die äußeren Umstände ändern, sondern weil wir lernen, jeden Moment in seiner Fülle zu erfahren.

Epilog: Die Freude des bewussten Seins

Am Ende unserer gemeinsamen Reise durch dieses Buch steht eine einfache, aber transformative Erkenntnis: Der Schlüssel zu einem erfüllten Leben liegt nicht in der ständigen Jagd nach mehr, sondern in der Fähigkeit, den gegenwärtigen Moment in seiner ganzen Tiefe zu erfahren. Dies ist keine theoretische Wahrheit, sondern eine praktische Realität, die jeder von uns entdecken kann.

Die Herausforderungen unserer Zeit - ständige Beschleunigung, digitale Überreizung, das Gefühl von Trennung und Sinnverlust - entstehen größtenteils aus dem Verlust unserer natürlichen Verbindung zum Jetzt. Wir leben in unseren Gedanken über Vergangenheit und Zukunft, gefangen in mentalen Geschichten und automatischen Reaktionsmustern. Doch genau hier liegt auch die Lösung: im Erwachen zur Präsenz des gegenwärtigen Moments.

Der praktische Nutzen dieses Erwachens zeigt sich auf vielen Ebenen:

Innerer Frieden: Wenn wir lernen, uns von der Tyrannei unserer rastlosen Gedanken zu befreien, entdecken wir eine tiefe Quelle von Ruhe und Stabilität in uns selbst. Diese innere Stille bleibt bestehen, auch wenn um uns herum Chaos herrscht.

Klarere Entscheidungen:

Aus der Präsenz heraus können wir Situationen klarer erkennen und weisere Entscheidungen treffen. Statt aus Angst oder Gewohnheit zu reagieren, haben wir Zugang zu einer tieferen Intelligenz.

Authentischere Beziehungen:

Wenn wir wirklich präsent sind, können wir anderen Menschen auf einer tieferen Ebene begegnen. Unsere Beziehungen werden echter, lebendiger und erfüllender.

Größere Kreativität:

Die Stille öffnet uns für neue Inspiration und unerwartete Einsichten. Unsere kreative Kraft kann natürlich fließen, statt erzwungen zu werden.

Bessere Gesundheit:

Präsenz reduziert Stress und stärkt unsere natürliche Resilienz. Viele körperliche und psychische Beschwerden lösen sich auf, wenn wir aus dem ständigen Kampf mit dem Moment aussteigen.

Tiefere Lebensfreude:

Vielleicht der größte Gewinn ist die Entdeckung einer Freude, die nicht von äußeren Umständen abhängt. Es ist die Freude des bewussten Seins selbst, die in jedem Moment verfügbar ist.

Diese Transformation erfordert keine drastischen äußeren Veränderungen. Sie beginnt mit der einfachen - wenn auch nicht immer leichten - Praxis, dem gegenwärtigen Moment unsere volle Aufmerksamkeit zu schenken. Jeder von uns hat diese Fähigkeit zur Präsenz. Sie ist unsere natürliche Art zu sein, bevor wir in mentale Muster und Konditionierungen verstrickt wurden.

Die in diesem Buch vorgestellten Praktiken und Einsichten sind keine abstrakten Theorien, sondern praktische Werkzeuge für diese Rückkehr zur natürlichen Präsenz. Sie sind wie Wegweiser, die uns immer wieder an unsere wahre Natur erinnern - an die Stille und Klarheit, die unser tiefstes Wesen ist.

Der Weg der Präsenz ist ein lebenslanger Prozess des Erwachens. Es gibt keine Perfektion zu erreichen, keinen endgültigen Zustand zu erlangen. Jeder Moment ist eine neue Einladung, frisch und bewusst zu sein. In dieser ständigen Erneuerung liegt die eigentliche Freude des Weges.

Möge dieses Buch Sie inspirieren und ermutigen auf Ihrer eigenen Reise zur Präsenz. Die Tür zum gegenwärtigen Moment steht immer offen. Jetzt ist die Zeit zu erwachen.